AL LECTOR

Dianética (del griego *dia:* "a través", y *nous:* "alma") define principios fundamentales de la mente y el espíritu. A través de la aplicación de estos descubrimientos, se hizo evidente que Dianética trataba con un ser que desafiaba al tiempo (el espíritu humano) originalmente denominado el "yo" y subsecuentemente el "thetán". A partir de ahí, el Sr. Hubbard continuó su investigación, trazando finalmente el mapa del camino a la libertad espiritual total del individuo.

Dianética es un precursor y un subestudio de Scientology que, como la practica la Iglesia, sólo se dirige al "thetán" (espíritu), que es superior al cuerpo, y a su relación y efectos sobre el cuerpo.

Este libro se presenta en su forma original y es parte de la literatura y de las obras religiosas de L. Ronald Hubbard, y no es una declaración de pretensiones hechas por el autor, la editorial ni ninguna Iglesia de Scientology. Es un registro de las observaciones e investigaciones del Sr. Hubbard sobre la vida y la naturaleza del hombre.

Ni Dianética ni Scientology se ofrecen ni se presentan como una curación física ni hacen ninguna afirmación a tal efecto. La Iglesia no acepta individuos que deseen tratamiento de enfermedades físicas o mentales sino que, en su lugar, exige un examen médico competente en cuanto a condiciones físicas, realizado por especialistas calificados, antes de abordar su causa espiritual.

El Electrómetro Hubbard®, o E-Metro, es un aparato religioso utilizado en la Iglesia. El E-Metro, por sí mismo, no hace nada y sólo lo utilizan ministros, o personas que se están preparando como ministros, capacitados en su uso para ayudar a los feligreses a localizar la fuente de sus tribulaciones espirituales.

El logro de los beneficios y metas de Dianética y Scientology exige la participación dedicada de cada individuo, ya que sólo se pueden lograr a través del esfuerzo propio.

Esperamos que la lectura de este libro sea el primer paso de un viaje personal de descubrimiento, a esta nueva y vital religión mundial.

ESTE LIBRO PERTENECE A

DIANÉTICA
LA TESIS ORIGINAL

DIANÉTICA
LA TESIS ORIGINAL

L. RONALD HUBBARD

Bridge
Publications, Inc.

UNA
PUBLICACIÓN
HUBBARD®

Bridge Publications, Inc.
4751 Fountain Avenue
Los Angeles, California 90029

ISBN 978-1-4031-5117-9

Nota Importante

Al leer este libro, asegúrate muy bien de no pasar nunca una palabra que no comprendas por completo. La única razón por la que una persona abandona un estudio, se siente confusa o se vuelve incapaz de aprender, es porque ha pasado una palabra que no comprendió.

La confusión o la incapacidad para captar o aprender viene DESPUÉS de una palabra que la persona no definió ni comprendió. Tal vez no sean sólo las palabras nuevas e inusuales las que tengas que consultar. Algunas palabras que se usan comúnmente, a menudo pueden estar definidas incorrectamente y así causar confusión.

Este dato acerca de no pasar una palabra sin definir es el hecho más importante en todo el tema del estudio. Cada tema que has comenzado y abandonado contenía palabras que no definiste.

Por lo tanto, al estudiar este libro asegúrate muy, muy bien de no pasar nunca una palabra que no comprendas totalmente. Si el material se vuelve confuso o parece que no puedes captarlo, justo antes habrá una palabra que no comprendiste. No sigas adelante, sino regresa a ANTES de que tuvieras dificultades, encuentra la palabra malentendida y defínela.

Glosarios

Al escribir *Dianética: La Tesis Original,* L. Ronald Hubbard proporcionó un glosario de todos los términos técnicos, definidos según se usan en este libro y en la secuencia en que se deberían aprender. Como tal, el *Glosario de LRH* forma un componente vital de este texto que hay que estudiar por completo para tener una comprensión a fondo de la nomenclatura y del tema en sí.

Como ayuda adicional para la comprensión del lector, LRH instruyó a los editores para que proporcionaran definiciones de otras palabras y frases. Estas se incluyen en el Apéndice: *Glosario Editorial de Palabras, Términos y Frases.* Las palabras tienen a veces varios significados. El *Glosario Editorial* sólo contiene las definiciones de las palabras como se usan en este texto. Se pueden encontrar otras definiciones en diccionarios estándar del idioma y en diccionarios de Dianética y Scientology.

Si encuentras alguna otra palabra que no conoces, búscala en un buen diccionario.

Prólogo

ianética: La Ciencia Moderna de la Salud Mental es el libro más ampliamente leído que jamás se haya escrito sobre la mente humana. A más de medio siglo tras su publicación original, todavía destaca en las listas de best-sellers de virtualmente todos los países de la Tierra, alentando así un movimiento que ahora abarca todo el globo. Por todas esas razones y más, millones de personas en todo el mundo lo llaman simplemente "Libro Uno".

Pero en realidad, el *primer* libro de Dianética es el que ahora tienes en tus manos. Originalmente escrito para la comunidad médica, con cuyos pacientes Ronald había desarrollado y probado sus descubrimientos, se tituló *Dianética Irregular* por el hecho de que revelaba la única fuente de todo comportamiento irregular e irracional. El libro no se brindó para ser publicado oficialmente. En vez de eso, copias del manuscrito original mecanografiado se distribuyeron en cantidades limitadas entre unos cuantos amigos selectos. La respuesta fue espectacular. Los lectores comenzaron a hacer ellos mismos más copias del texto y a repartirlas entre sus amigos. Esas personas, a su vez, empezaron a hacer lo mismo. Y así prosiguió hasta que la oleada de interés y de cartas solicitando más información fue tan grande que únicamente se le podía dar respuesta con un libro. Ese libro fue, por supuesto, *Dianética: La Ciencia Moderna de la Salud Mental.*

Y aun así, a pesar de todo lo contenido en el Libro Uno, los descubrimientos primarios y las ecuaciones básicas que forman los cimientos de todo lo que Dianética abarca hoy en día están contenidos aquí. Fue por esta razón que L. Ronald Hubbard se ocupó de que se publicara de manera permanente con una primera edición en 1951, renombrándolo con un título autoexplicativo: *Dianética: La Tesis Original.*

Por supuesto, los descubrimientos se han visto ampliados por descubrimientos posteriores y se han desarrollado y refinado procedimientos de auditación mediante un desarrollo continuo. Sin embargo, este es todavía el libro al que Ronald se refirió a lo largo de los años como pieza básica para la comprensión de *cómo* y *por qué* funciona la auditación.

Mediante una búsqueda exhaustiva, se ha descubierto recientemente el manuscrito original, incluyendo las anotaciones manuscritas de Ronald, hasta ahora desconocidas. También se han descubierto dos capítulos enteros del libro: *El Analizador* y *El Clear,* que nunca se habían publicado hasta ahora y que aun así proporcionan la primera descripción de la mente analítica y de la personalidad básica.

En alusión a su *Tesis Original,* Ronald comentó en cierta ocasión: "Lo tiene todo". Así pues, también lo tienes ahora *tú,* con la primera publicación completa y plenamente fiel de su obra original.

Es un gran orgullo para nosotros presentarte *Dianética: La Tesis Original.*

— Los Editores

Contenido

Introducción

En 1932 se emprendió una investigación para determinar el *Principio Dinámico de la Existencia* de una forma funcional que pudiera conducir a la solución de algunos de los problemas de la Humanidad. Una larga investigación de la filosofía antigua y moderna culminó, en 1938, en la Ley Primaria, descubierta heurísticamente. Se escribió en ese momento una obra que abarcaba al Hombre y sus actividades. En los años siguientes, se continuó investigando aún más con el fin de demostrar o refutar los axiomas así establecidos.

Ciertas experiencias durante la guerra hicieron necesario que el autor desglosara el trabajo en ecuaciones aplicables, y en 1945 se inició un programa intensivo con este fin.

Un año más tarde ya se habían descubierto o desarrollado muchas técnicas, y se formuló una versión nebulosa de la presente obra refinada. Financiada principalmente mediante un pago único recibido como indemnización por incapacidad física, esa forma de Dianética se aplicó intensivamente a sujetos voluntarios, y el trabajo evolucionó gradualmente hasta llegar a su forma actual.

Dianética ha sido sometida a prueba por el autor, como se describe aquí, durante los últimos cuatro años. La última serie de voluntarios seleccionados al azar (veinte en número) se rehabilitaron, veinte de veinte, con un promedio de horas de trabajo de cincuenta y dos por sujeto. Se ha constatado que Dianética resuelve con éxito migrañas, úlceras, artritis, astigmatismo, bursitis, tartamudeo, desequilibrio glandular, asma, alergias y otras afecciones psicosomáticas. También ha eliminado con éxito cualesquiera compulsiones, represiones, neurosis y psicosis a las que se ha aplicado.

L. RONALD HUBBARD
1948

Parte I

Descubrimientos y Principios
DIANÉTICA: LA TESIS ORIGINAL

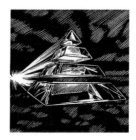

Capítulo Uno

AXIOMAS PRIMARIOS

Axiomas Primarios

Dianética es una ciencia heurística construida sobre *axiomas*. La Funcionalidad más que la Verdad es lo que se ha tenido en cuenta. La única afirmación que se hace respecto a estos axiomas es que mediante su uso se pueden obtener ciertos resultados exactos y predecibles.

El principal logro de Dianética radica en su organización. Casi cualquiera de sus partes se puede encontrar en algún punto de la historia, aun cuando el autor las haya desarrollado de forma independiente. No hay fuentes principales, y cuando se toma prestada una práctica o un principio de alguna escuela del pasado, por lo general la conexión es accidental y no admite ningún uso ni validez adicional de esa escuela. Dianética funcionará, y sólo se le puede hacer funcionar, mientras se le contemple y se le use como una unidad. Cuando se le diluye con aplicaciones más amplias de prácticas más antiguas, ya no producirá resultados. Para evitar confusiones y prevenir dificultades semánticas, se ha usado una terminología nueva y simplificada y se usa sólo tal y como se define aquí.

Dianética es en realidad una familia de ciencias. Se aborda aquí como una ciencia del pensamiento que se aplica a las afecciones *psicosomáticas* y a las *aberraciones* individuales.

El campo del pensamiento se puede dividir en dos áreas que se han clasificado como lo Cognoscible y lo Incognoscible. Aquí nos ocupamos sólo de lo Cognoscible. En lo Incognoscible situamos aquellos datos que no necesitamos saber con el fin de resolver el problema de mejorar o curar las aberraciones de la mente humana. Al dividir así el extenso campo del pensamiento, ya no necesitamos ocuparnos de tales elementos indefinidos como el espiritismo, el deísmo, la telepatía, la clarividencia o, por ejemplo, el alma humana.

Concibiendo esta división como una línea trazada a través del área, podemos asignar un *Principio Dinámico de la Existencia* a todos aquellos datos que queden en el campo de lo Cognoscible. Tras una exhaustiva investigación, se escogió una palabra que abarcaba el universo finito como Principio Dinámico de la Existencia. Esta palabra se puede usar como guía o como un criterio estándar, y mediante ella se puede evaluar mucha información. Es por lo tanto nuestro primer axioma y nuestro axioma dominante.

El primer axioma es:

¡SOBREVIVE!

Se puede ver que este es el mínimo común denominador del universo finito. Abarca la conservación de la energía y de todas las formas de energía. Delinea además el propósito de esa energía en la medida en que es ahora visible para nosotros en el campo de lo Cognoscible. Se puede ver con facilidad que la actividad del universo finito obedece a este axioma como si fuera una orden. Puede considerarse que toda la obra y todas las energías están motivadas por él. Los diversos reinos tienen esto como mínimo común denominador, ya que los animales, vegetales y minerales están todos esforzándose por sobrevivir. No sabemos hacia qué *fin* estamos sobreviviendo. Y en nuestro campo de lo Cognoscible, y en nuestra elección de únicamente los axiomas funcionales, no lo sabemos y no tenemos ninguna razón inmediata para preguntar *por qué*.

Todas las formas de energía están, pues, sobreviviendo hacia un fin desconocido, con un propósito desconocido. Lo único que necesitamos saber es que *están* sobreviviendo y que, como unidades o especies, *deben* sobrevivir.

Mediante una derivación del primer axioma funcional, entramos en posesión del segundo. Al obedecer a la orden: "¡Sobrevive!", la vida tomó la forma de una célula que, uniéndose a otras células, formó una colonia. La célula, mediante procreación, expandió la colonia. La colonia, mediante procreación, formó otras colonias. Se unieron colonias de diferentes tipos, y la necesidad, la mutación y la selección natural produjeron una especialización que aumentó la complejidad de las colonias hasta que se convirtieron en un agregado. Los problemas del agregado colonial eran la alimentación, la protección y la procreación. De diversas maneras, el agregado colonial de células llegó a ser una unidad estándar, y cualquier agregado colonial avanzado llegó a poseer (por necesidad, mutación y selección natural) un sistema de control central.

El propósito del agregado colonial era sobrevivir. Para hacer esto tenía que tener alimento, medios de defensa, protección y medios de procreación. El centro de control que se había desarrollado tenía como orden primaria: "¡Sobrevive!". Su propósito primario era la alimentación, defensa, protección y medios de procreación.

Así se puede enunciar el segundo axioma funcional:

EL PROPÓSITO DE LA MENTE ES RESOLVER PROBLEMAS RELACIONADOS CON LA SUPERVIVENCIA.

El éxito máximo del organismo, su especie o la vida sería, en su extremo inimaginable, la inmortalidad. La desobediencia final a la ley de "¡Sobrevive!" sería la muerte. Entre la supervivencia eterna y la muerte existen innumerables grados. En la zona intermedia de esa escala estaría la mera existencia sin esperanza de mucho éxito y sin temor al fracaso. Por debajo de este punto se encontrarían, paso a paso, un sinfín de pequeños errores, accidentes, pérdidas, cada uno de los cuales tendería a reducir las oportunidades de alcanzar la meta máxima. Por encima de este punto se encontrarían los pequeños éxitos, reconocimientos y triunfos que tenderían a asegurar la consecución de la meta deseable.

Como axioma, puede decirse entonces que la mente actúa obedeciendo una orden básica central ("¡Sobrevive!") para dirigir o gobernar al organismo en sus esfuerzos por alcanzar la meta máxima para el individuo, la especie o la vida, y para evitarle al individuo, la especie o la vida cualquier parte del fracaso máximo, lo cual conduce al axioma enunciado:

LA MENTE DIRIGE AL ORGANISMO, LA ESPECIE, SUS SIMBIONTES[*] O LA VIDA EN EL ESFUERZO HACIA LA SUPERVIVENCIA.

---

[*] El significado en Dianética de *simbionte* se extiende más allá de la definición del diccionario ("dos organismos desiguales que viven juntos"), abarcando a todas y cada una de las formas de vida o energía que son mutuamente dependientes para su supervivencia. El átomo depende del universo, el universo del átomo.

Un estudio del campo de la evolución indicará que la supervivencia ha sido, es y será la única prueba para un organismo, ya sea que el organismo se contemple en cuanto a la actividad diaria o en cuanto a la vida de la especie. No se encontrará ninguna acción del organismo que quede fuera del campo de la supervivencia, pues el organismo está actuando dentro de su entorno basándose en información recibida o retenida, y el error o el fracaso no alteran el hecho de que su impulso básico estaba motivado por la supervivencia.

Puede formularse entonces otro axioma del siguiente modo:

LA MENTE, COMO SISTEMA CENTRAL DE DIRECCIÓN DEL CUERPO, PLANTEA, PERCIBE Y RESUELVE PROBLEMAS DE SUPERVIVENCIA Y DIRIGE O NO LOGRA DIRIGIR SU EJECUCIÓN.

Puesto que existen muchos organismos dentro de la misma especie, todos tratando de lograr el mismo fin, y puesto que existen muchas especies, y puesto que la materia misma, en una forma unitaria u otra, está tratando de sobrevivir, necesariamente existe conflicto y pugna entre los individuos de las especies, otras especies, o formas unitarias de materia. Las especies no pueden sobrevivir sin interesarse ante todo por la especie. La selección natural y otras causas han establecido esto como una regla primaria para la supervivencia: *Que la unidad continúe viva el mayor tiempo posible como unidad y, mediante asociación y procreación, que la especie continúe viva como especie.* La unidad o la especie le prestan una importancia secundaria a sus simbiontes. A la materia inanimada se le da una importancia de tercer grado. Como esta es aparentemente la solución más funcional, la selección natural preserva de la mejor manera a aquellas especies que siguen esta regla funcional, y los simbiontes de la especie que tiene éxito tienen por lo tanto una oportunidad acrecentada para la supervivencia.

El Hombre es el organismo de mayor éxito que existe en la actualidad, al menos en este planeta. En la actualidad, el Hombre va ganando en la perpetua elección cósmica que posiblemente llegue a seleccionar al pensador del Nuevo Pensamiento.

El Hombre es heredero de la experiencia y de lo construido por sus propios ancestros. Como la reticencia celular a admitir cambios es uno de los factores de supervivencia, su mente es básicamente la misma mente que dirigió y resolvió los problemas de sus antepasados animales. Por evolución y selección natural, esta mente tiene, pues, la prioridad principal en las emergencias. Superpuesto a esta mente animal, se ha desarrollado un analizador enormemente complejo, que probablemente existe como su lóbulo frontal.

La orden "¡Sobrevive!" es variable en los individuos y especies en la medida en que sea fuerte o débil. Una fuerza superior de la orden en el individuo o especie es, normalmente, aunque de forma variable, un factor de supervivencia. La faceta primaria de la personalidad es la fuerza básica del impulso de la *dinámica**.

La dinámica es variable de individuo a individuo y de raza a raza. Varía según la fisiología, el entorno y la experiencia. Su manifestación en la mente animal afecta tanto a la tenacidad del individuo hacia la vida o el propósito como a la actividad del analizador. La primera característica del individuo que se debería considerar es la fuerza básica de su dinámica, con lo que se puede formular un axioma:

LA PERSISTENCIA DEL INDIVIDUO EN LA VIDA ESTÁ GOBERNADA DIRECTAMENTE POR LA FUERZA DE SU DINÁMICA BÁSICA.

La mente analítica, humana, o como se le ha llamado en otros sitios erróneamente, la mente consciente, es variable de individuo a individuo y de raza a raza, en su capacidad para percibir y resolver problemas. Se puede entonces formular otro axioma:

LA INTELIGENCIA ES LA CAPACIDAD DE UN INDIVIDUO, UN GRUPO O UNA RAZA PARA RESOLVER PROBLEMAS RELACIONADOS CON LA SUPERVIVENCIA.

Debería recalcarse que existe una marcada diferencia entre la dinámica y la inteligencia. Una inteligencia elevada puede no denotar una dinámica elevada. Una dinámica elevada puede no denotar una inteligencia elevada. La inteligencia es sensibilidad mental y capacidad analítica. La dinámica es la persistencia del individuo en su obediencia a la orden "¡Sobrevive!".

---

* Dinámica: el empuje dinámico en el tiempo y en el espacio de un individuo, una especie, o unidad de materia o energía. Definida especialmente, para los propósitos de Dianética, como: "¡Sobrevive!".

"La persistencia del individuo en la vida está gobernada directamente por la fuerza de su dinámica básica".

Se ha observado que existe una gradación en la escala de supervivencia. Los éxitos hacia la meta máxima son placenteros. Los fracasos en dirección hacia la derrota final son penosos o dolorosos. El *placer* es por lo tanto la percepción del bienestar o un avance hacia la meta máxima. El *dolor* es por lo tanto la percepción de una reducción hacia la derrota final. Ambos son factores de supervivencia necesarios.

Para el propósito de Dianética, se deben definir el bien y el mal.

Aquellas cosas que un individuo puede clasificar como *buenas* son sólo aquellas cosas que le ayudan a él, a su familia, a su grupo, a su raza, a la Humanidad o a la vida en su obediencia dinámica a la orden, modificadas por las observaciones del individuo, su familia, su grupo, su raza o la vida.

Como *malas* se pueden clasificar aquellas cosas que tienden a limitar el empuje dinámico del individuo, su familia, su grupo, su raza o la vida en general en el impulso dinámico, también limitados por la observación, el observador y su capacidad de observar.

El *bien* se puede definir como constructivo. El *mal* se puede definir como destructivo. (Definiciones modificadas por el punto de vista).

El ser humano individual es un organismo que intenta sobrevivir en afinidad o en pugna con otros hombres, otras razas y con los tres reinos. Su meta es la supervivencia para sí mismo, su progenie, su grupo, su raza, sus simbiontes, la vida y el universo en general, en pugna con cualesquiera esfuerzos o entidades que amenacen o frustren sus esfuerzos por alcanzar la meta. Su felicidad depende de conseguir, consolidar o contemplar los logros hacia su meta.

Es un propósito de Dianética en general, y de *Dianética Irregular* en particular, el pasar al Hombre a través del abismo del pensamiento exclusivamente reactivo e irracional y hacer que entre en una nueva etapa de progreso constructivo hacia la meta máxima.

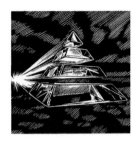

Capítulo Dos

Una Analogía de la Mente

Una Analogía de la Mente

El propósito de Dianética Irregular no es investigar ni reconstruir con precisión la *mente humana*. El propósito de Dianética Irregular es borrar de la mente existente aquellas experiencias físicamente dolorosas que han dado como resultado la aberración de la mente analítica; borrar del cuerpo las enfermedades psicosomáticas que son anomalías físicas y la manifestación física de la aberración; y restaurar en su totalidad el funcionamiento apropiado de una mente que no esté de otro modo descompuesta físicamente.

Dianética Irregular abarca los diversos aspectos fisiológicos de la medicina psicosomática, incluyendo el equilibrio o desequilibrio glandular del organismo según se ve influido por las experiencias físicas dolorosas.

La medida y el aumento de la dinámica es la práctica y el estudio de Dianética Dinámica, tema que no está incluido en este manual. Los ajustes iniciales del individuo están incluidos en Dianética Infantil y en Dianética Educacional. Los procedimientos quirúrgicos y médicos, en lo que respecta a su efecto en la mente, se tratan en Dianética Médica, que se toca brevemente en este manual. Dianética Judicial, Dianética Política y Dianética Militar se tocan en otros lugares o están asignadas para su estudio. Dianética, como una familia de ciencias, procede, sin embargo, de los axiomas que se mencionaron superficialmente en el capítulo anterior, y se rige de manera uniforme por los principios del comportamiento de la mente humana según se ve mejorada por las técnicas de Dianética Irregular.

Toda actividad humana procede principalmente de los impulsos que se han tratado en la ciencia primaria, Dianética Dinámica, que se ocupa, como se ha dicho anteriormente, de la dinámica básica, su medición y mejora. La existencia y variabilidad de esta dinámica no son primordialmente un tema para Dianética Irregular, pero se le debe considerar el único empuje primario ante el que reaccionan obedientemente la mente y el cuerpo.

Cuando el individuo actúa en contra de la supervivencia de sí mismo, de su grupo, su progenie, su raza, de la Humanidad o de la vida, se puede considerar que le falta inteligencia, está desinformado o aberrado. *Se puede demostrar que cada manifestación de conducta aberrada que amenace la meta general del individuo, tal y como se esbozó en el capítulo anterior, tiene una fuente que, según se encontrará de manera específica, es una experiencia dolorosa que contiene datos inaccesibles para la mente analítica.* Cada caso y faceta de conducta aberrada tiene su agente causativo exacto en el error físicamente doloroso que se introdujo durante un momento de ausencia del poder analítico.

La Dianética Irregular consiste en descubrir la aberración en el individuo, encontrar la experiencia físicamente dolorosa que corresponde a esta, y borrar del cuerpo y de la mente el contenido percéptico de esa experiencia.

La siguiente analogía se ofrece, más que como un esbozo real del carácter de la mente, como un intento de demostrar cómo se consigue eso.

Primero está la sección *fisio-animal* de la mente. Esta contiene los controles motores, los subcerebros y el sistema nervioso físico en general, incluyendo el aspecto físico de la sección analítica de la mente. Dentro de esta sección se encuentra el control de todos los músculos voluntarios e involuntarios. Tiene bajo su mando todos los fluidos corporales, el flujo sanguíneo, la respiración, la secreción glandular, la construcción celular y la actividad de diversas partes del cuerpo. La experimentación ha demostrado esto adecuadamente. La mente fisio-animal tiene métodos específicos de "pensar". Estos son totalmente reactivos. La experimentación en animales (ratas, perros, etc.) es experimentación precisamente acerca de esta mente y con esta mente, y poco más. *Es una mente totalmente consciente y nunca debería nombrarse con ningún término que le niegue tal "consciencia", ya que no existe periodo alguno en la vida del organismo, desde la concepción hasta la muerte, en que esta mente no esté despierta, observando y registrando percepciones.* Esta es la mente de un perro, gato o rata, y también es la mente básica de un hombre en lo que respecta a sus características de funcionamiento. Un hombre en el sueño sonámbulo más profundo posible sigue estando en posesión de más mente y más capacidad pensante y coordinadora que un animal inferior.

El término "consciencia" no es más que una designación del apercibimiento del "ahora". La mente fisio-animal nunca deja de estar consciente del ahora y nunca deja de registrar los instantes sucesivos del ahora, que en su conjunto forman una *línea temporal* que conecta la memoria en una cadena ordenada. Sólo el cese de la vida interrumpe el registro continuo de las percepciones en esta línea temporal ordenada. La "inconsciencia" es una condición en la que el organismo está descoordinado sólo en su proceso analítico y en su dirección del control motor. En la sección fisio-animal de la mente, se encuentra disponible una línea temporal completa y un registro completo de memoria de todas las percepciones de todos los momentos de la existencia del organismo.

Según progresa la vida desde, por ejemplo, una brizna de hierba hasta un perro, mayores y mayores complejidades y grados de auto-determinismo son posibles. La energía en sus diversas formas es el motivador primario en los órdenes inferiores. Pero según aumenta la complejidad del orden hasta llegar al reino animal, la mente fisio-animal adquiere cada vez más dominio de todo el organismo, hasta que ella misma comienza a poseer la segunda sección de la mente.

Todos los animales poseen, en alguna ligera medida, un analizador. Este, al que llamamos *mente analítica,* está presente incluso en los órdenes inferiores, ya que esa es la única sección de la mente que posee el dominio coordinador auto-determinado sobre la mente fisio-animal, y por lo tanto sobre el cuerpo. En una rata, por ejemplo, no es otra cosa que su apercibimiento "consciente" del *ahora* aplicado a lecciones del *entonces,* sin racionalidad, sino con instinto y experiencias dolorosas. En un animal inferior esta es la sección analítica de la mente, pero es la *mente reactiva* en un ser humano, cuya mente analítica está tan sumamente afinada y es tan intrincada que puede mandar enteramente sobre la mente fisio-animal y por tanto sobre el cuerpo.

El Hombre no sólo posee una mente fisio-animal superior, sino que también posee una mente analítica de tal poder y complejidad que no tiene verdadero rival en ninguna otra especie. No se puede estudiar la mente analítica del Hombre observando las reacciones de los animales bajo ningunas situaciones. No sólo es más sensible, sino que posee factores y sensibilidades que no se encuentran en ninguna otra parte.

Continuando con esta analogía, se puede considerar que entre la mente analítica y la mente fisio-animal se encuentra la *mente reactiva.* Esta constituye las respuestas coordinadas de la mente fisio-animal, la mente "analítica" de los animales y el primer puesto de mando de emergencia en el Hombre. A efectos de esta analogía, puede considerarse que todos los errores de naturaleza psíquica o psicosomática radican en la mente reactiva. La primera mente analítica humana asumió el mando del cuerpo y de la mente fisio-animal bajo circunstancias de tensión y peligro cuando el Hombre se encontraba aún en una violenta pugna con otras especies a su alrededor. Puede considerarse que la mente analítica recibió el mando con la única estipulación de que la anticuada, pero más rápida, mente reactiva se encargaría de las emergencias instantáneas.

Todos y cada uno de los errores al pensar y actuar se derivan de la mente reactiva conforme esta aumenta su fuerza y su poder mediante experiencias dolorosas. Se le puede llamar "mente en la sombra", ya que reacciona de forma instantánea cuando cualquier parte de su contenido se percibe en el entorno del individuo, momento en que con urgencia pasa por alto a la mente analítica y causa una reacción inmediata en la mente fisio-animal y en el cuerpo. Además, la mente reactiva siempre está presente cuando se ve reestimulada crónicamente por un *reestimulador* presente de forma constante; es decir, una aproximación del contenido de la mente reactiva o una parte de ella que se percibe continuamente en el entorno del organismo. La mente reactiva está en acción siempre y cuando la active algo que se asemeje exacta o casi exactamente a su contenido. Pero dada una reestimulación demasiado continua, puede trastornar y de hecho trastorna tanto a la mente fisio-animal y al cuerpo por debajo de ella como a la mente analítica por encima de ella. Fue creada por circunstancias trastornantes de naturaleza física, de ahí que trastorne.

*"Continuando con esta analogía, se puede considerar
que entre la mente analítica y la mente fisio-animal
se encuentra la mente reactiva".*

El contenido entero de la mente reactiva son registros de dolor físico con las percepciones que los acompañan durante la desconexión del analizador. Toda conducta aberrada y todo error por parte de un individuo están ocasionados por la reestimulación de su mente reactiva.

Ninguna de estas mentes es "inconsciente", ni tampoco "sub-consciente". El organismo entero está siempre consciente. Pero la dispersión temporal de los procesos de pensamiento de la mente analítica provoca una condición en la que esa mente, a la que se ha dispersado y que se considera a sí misma la residencia de la persona, es incapaz de obtener y alcanzar los datos que el organismo percibe y recibe durante la condición de dispersión de la mente analítica. Que a la mente analítica se le pueda poner fuera de circuito, ya sea por dolor o conmoción, es en sí mismo un factor de supervivencia: como "maquinaria" sensible debe estar protegida mediante un sistema de fusibles.

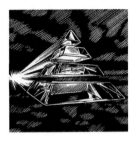

Capítulo Tres
LAS DINÁMICAS

Las Dinámicas

L a *dinámica básica* ("¡Sobrevive!") crece en complejidad a medida que evoluciona la complejidad del organismo. Puede considerarse que la energía ha tomado muchos caminos a lo largo de la eternidad para llegar intacta a la meta infinita. El *porqué* de la meta puede que se encuentre por encima de la línea finita. Pero por debajo de ella (delimitadas por la palabra "¡Sobrevive!") se pueden ver manifestaciones claramente definidas. La energía se agrupa en diversas formas de materia, que se agrupan y aglomeran en diversos materiales y compuestos. La vida evoluciona desde las formas básicas más simples hasta formas complejas, ya que el cambio evolutivo es en sí un método de supervivencia.

El conflicto entre especies y entre individuos dentro de las especies también es un factor de supervivencia. La afinidad que tienen los individuos por los grupos, las razas, la totalidad de su especie y por otras especies es adicionalmente un factor de supervivencia, tan fuerte o más que el conflicto.

Dinámica se define como el empuje dinámico a través del tiempo hacia el logro de la meta. Se considera que "¡Sobrevive!" es el mínimo común denominador de todos los esfuerzos de la energía y de todas las formas.

Puede entonces subdividirse específicamente en diversas líneas dinámicas según sea aplicable a cada forma o especie. El individuo no aberrado contiene cuatro dinámicas* principales que se tienen en común en lo que respecta al Hombre.

Las dinámicas son: Una, *personal;* Dos, *sexo;* Tres, *grupo;* y Cuatro, *Humanidad.*

Se puede construir una filosofía entera en torno a cada una de estas dinámicas que explicará todas las acciones de un individuo. Cualquiera de estas filosofías es tan completa que se puede hacer que incluya lógicamente a las otras cuatro. En otras palabras, todo propósito de un individuo se puede racionalizar con respecto a la dinámica personal. Existe una filosofía que intenta racionalizarlo todo con respecto a la dinámica sexual. Y así sucesivamente, con todas las dinámicas. Al observar que cada una puede sostenerse como una unidad lógica, uno encuentra necesario retirarse hacia el mínimo común denominador de la dinámica básica, que de hecho sí explica las cuatro subdivisiones. Como cada una de las subdivisiones es capaz de soportar todo el peso de un argumento racional, puede deducirse con facilidad que cada una de ellas tiene casi la misma importancia en el individuo. Las condiciones aberradas de una sociedad tienden a variar el énfasis en estas dinámicas, haciendo que primero sea una y después otra la tónica de la sociedad. En un individuo o sociedad no aberrados, se reconocería la validez de las cuatro.

El individuo no aberrado puede poseer fisiológicamente o enfatizar en su entorno una o más de estas dinámicas por encima de las otras. En cuanto a la *personalidad básica,* según se trata en el campo de la Dianética Dinámica, el aspecto fisiológico-ambiental-educativo tiene una fuerza variable en las cuatro dinámicas.

Cada una de las cuatro dinámicas se subdivide a su vez en propósitos que son específicos y complejos. Los propósitos y otros factores enredan estas dinámicas, y las diversas situaciones y el poder de observación del individuo pueden poner en conflicto una de estas dinámicas contra otra dentro del propio individuo. Este es un factor complejo y básico de la personalidad no aberrada.

---

* Las cuatro dinámicas no son fuerzas nuevas; son subdivisiones de la dinámica básica.

I. La DINÁMICA PERSONAL consiste en el empuje dinámico hacia sobrevivir como individuo, obtener placer como individuo y evitar el dolor. Abarca el campo general de la alimentación, el vestido y el alojamiento, la ambición personal y el propósito individual general.

II. La DINÁMICA SEXUAL abarca la procreación de la progenie, el cuidado de esa progenie y asegurar para esa progenie mejores condiciones y capacidades de supervivencia en el futuro.

III. La DINÁMICA DE GRUPO abarca las diversas unidades de la especie humana, como son la asociación, la compañía militar, la gente del campo en los alrededores, la nación y la raza. Se caracteriza por la actividad por parte del individuo dirigida a lograr y mantener la supervivencia del grupo del que forma parte.

IV. La DINÁMICA DE LA HUMANIDAD abarca la supervivencia de la especie.

Mientras que al Hombre le incumbe cualquiera de las dinámicas anteriores, pueden volverse enemigas de su propia supervivencia cualquiera de ellas. Esto es *conflicto racional,* y va normal y comúnmente ligado a la supervivencia. No es aberrativo, ya que es racional dentro de las limitaciones educativas.

La familia como unidad no es una dinámica, sino una combinación de dinámicas. Y en esta y en otras sociedades, adquiere una posición de interés que no es necesariamente inherente al individuo o al grupo.

A lo largo de las dinámicas, que son básicamente simples, las irracionalidades individuales y de grupo introducen complejidad. El individuo básico (no aberrado) tiene continuas dificultades para racionalizar los problemas de las importancias y las elecciones entre estas dinámicas. Cuando el individuo básico se aberra, y en consecuencia es incapaz de razonar libremente respecto a todos los problemas, se vuelve casi imposible para él seleccionar importancias entre estas dinámicas y produce soluciones aberradas que pueden llegar al extremo de que el propio individuo se destruya a sí mismo, siguiendo la solución equivocada de que tal vez así obedezca la orden primaria.

Observación: Todo esfuerzo autodestructivo es irracionalidad de una naturaleza precisa, que el *auditor** a menudo encontrará en un individuo bajo tratamiento, pero que no forma parte alguna de la personalidad básica del individuo.

---

* El término *auditor* se usa en Dianética para designar a alguien experto en la práctica de la terapia de Dianética, llamada *auditación*. (La conducta de un auditor se trata más adelante).

Las Cuatro Dinámicas

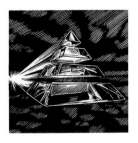

Capítulo Cuatro

El Individuo Básico

El Individuo Básico

Para los fines de esta obra, los términos *individuo básico* y *Clear* son casi sinónimos, pues denotan al ser no aberrado en completa integración y en un estado de la mayor racionalidad posible. Un *Clear* es alguien que mediante la terapia ha llegado a ser el *individuo básico.*

La personalidad concreta del individuo básico es de interés para el auditor. Todo lo que la caracteriza está determinado por:

1. La fuerza de su dinámica básica.

2. Las fuerzas relativas de sus dinámicas.

3. La sensibilidad, es decir, la inteligencia de su analizador.

4. La coordinación de sus controles motores.

5. Su condición fisiológica y glandular.

6. Su entorno y educación.

Las experiencias de cada individuo también crean un compuesto individual y así pueden denotar individualidad de forma adicional. Hay tantos individuos diferentes en la Tierra como hombres, mujeres y niños hay en ella.

El que podamos establecer un denominador común de la dinámica y de la función básica no altera, no puede alterar y no alterará el hecho de que los individuos sean asombrosamente distintos unos de otros.

Mediante la experiencia y la investigación exhaustiva se encontrará, como ya se ha determinado clínicamente, que el individuo básico invariablemente responde muy bien en todas las dinámicas, y que en esencia es bueno. Existen diversos grados de valentía, pero en el individuo básico no hay pusilanimidad. Las virtudes del individuo básico son innumerables. Sus vicios intencionales y sus dramatizaciones destructivas son inexistentes. Es cooperativo, constructivo y tiene propósito. En resumen, se ajusta mucho al ideal que la Humanidad reconoce como ideal. Esto es una parte indispensable del conocimiento funcional del auditor, ya que las desviaciones del ideal denotan la existencia de aberración, y estas desviaciones son impuestas y no son naturales ni son parte alguna del auto-determinismo del individuo.

El Hombre no es un animal reactivo. Es capaz de auto-determinismo. Tiene fuerza de voluntad. Por lo general tiene una elevada capacidad analítica. Es racional, es feliz y está integrado únicamente cuando es su propia personalidad básica.

El estado más deseable de un individuo es el auto-determinismo completo. Dicho auto-determinismo puede resultar alterado y moldeado hasta cierto punto por la educación y el entorno. Pero mientras el individuo no esté aberrado, tiene auto-determinismo. Mientras sea auto-determinado en sus acciones, se adaptará con éxito en la medida en que su entorno permita tal adaptación. Será más enérgico, eficiente y feliz en ese entorno que cuando estaba aberrado.

Que la personalidad básica del individuo sea buena, no significa que no pueda ser un enemigo tremendamente eficaz de aquellas cosas que racionalmente pueda reconocer como destructivas para sí y para lo suyo.

El individuo básico no es una persona enterrada, desconocida o diferente, sino una intensificación de todo lo mejor y más capaz que hay en la persona. El individuo básico es igual a la misma persona menos su dolor y sus dramatizaciones.

La fuerza dinámica de la persona no se deriva de sus aberraciones. Las aberraciones reducen la fuerza dinámica. La habilidad artística, la fuerza personal, la personalidad, todo ello permanece en la personalidad básica.

"El Hombre no es un animal reactivo.
Es capaz de auto-determinismo. Tiene fuerza de voluntad.
Por lo general tiene una elevada capacidad analítica.
Es racional, es feliz y está integrado únicamente
cuando es su propia personalidad básica".

Esto se derivó de la investigación y experimentación clínicas. La única razón por la que un *aberrado* (una persona aberrada) se aferra a veces a sus aberraciones es que sus *engramas* tienen un contenido que prohíbe su eliminación.

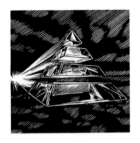

Capítulo Cinco

ENGRAMAS

Engramas

La *mente reactiva* consiste en una colección de experiencias recibidas durante un momento no analítico que contiene dolor y antagonismo real o imaginado contra la supervivencia del individuo. Un *engrama* es una entidad formada por percépticos que se puede definir con precisión. El agregado de engramas constituye la mente reactiva.

Aquí se ha originado un nuevo sub-campo denominado *percéptica* para definir adecuadamente los datos engrámicos. La percéptica contiene, como una de sus facetas, el campo de la semántica. Con la misma precisión con la que el campo de la semántica está organizado, está organizada en la percéptica cada percepción sensorial.

El sistema de comunicación audio-silábica del Hombre tiene su equivalente en diversos lenguajes que se pueden observar en animales inferiores. Las palabras son sonidos en forma silábica, emitidos con un timbre, tono y volumen o reconocimiento visual concretos en cada caso. Las palabras son una forma altamente especializada de percépticos de audio. La cualidad del sonido al pronunciar la palabra es casi tan importante como la palabra en sí. La palabra escrita pertenece, en parte, a los percépticos visuales. Al no haber adquirido su extenso vocabulario hasta épocas relativamente recientes, la mente del Hombre está adaptada a las palabras y al sentido de estas en un grado ínfimo. La mente es más capaz de distinguir entre las cualidades de la vocalización que entre los significados de las palabras en sí.

Incluidas en la percéptica, de la misma manera y basándose en los mismos axiomas que la semántica, se encuentran las otras percepciones sensoriales: sensación orgánica, sentido del tacto, sentido del olfato y los sentidos relacionados con la vista y el oído. Cada una tiene su propio agrupamiento. Y cada una transmite su tipo de mensajes con significados sumamente complejos. Cada una de estas divisiones de los sentidos se traza en el tiempo, de acuerdo a las significaciones más antiguas o de mayor intensidad. Cada clase de mensajes se archiva de tal manera que conduzca al individuo hacia el placer y lejos del dolor. A las clasificaciones y al estudio de este variado archivo sensorial se les ha denominado *percéptica*.

Cuando una lesión o enfermedad socava a la mente analítica produciendo lo que comúnmente se conoce como "inconsciencia", y cuando están presentes el dolor físico y el antagonismo hacia la supervivencia del organismo, el individuo recibe un *engrama*. Subsiguientemente, durante los momentos en que el potencial de la mente analítica se ve reducido por la fatiga, la enfermedad o circunstancias similares, el individuo puede observar en su entorno uno o más de los percépticos contenidos en el engrama, y sin darse cuenta de que los ha observado ni de su identidad, el individuo se ve inmerso en una *dramatización* del momento de recepción del engrama.

Un engrama obstaculiza una o más dinámicas del individuo básico. Al ser antagónico a la supervivencia del individuo, análogamente puede considerarse que consiste en una "carga inversa".

Por ejemplo, se puede decir que la mente analítica posee múltiples escáneres en capas. Se puede considerar que los recuerdos ordinarios o placenteros tienen, sólo a modo de analogía, una "carga positiva". Los múltiples escáneres tienen la capacidad de barrer estas áreas y poner datos de la memoria a disposición de la mente analítica para que, mediante diversos métodos matemáticos, pueda llegar a la solución de sus diversos problemas.

Puede considerarse que el engrama, como un lote concreto de memoria, tiene una "carga inversa" que no puede ser alcanzada por los escáneres de la mente analítica, pero que está directamente conectada a los controles motores y a otras funciones físicas, y que puede ejercer (a una profundidad ni con mucho tan básica como la dinámica básica, aunque considerable) una influencia oculta sobre la mente analítica mediante otro circuito. La mente analítica que es consciente del "ahora" no puede sin embargo descubrir (sin asistencia terapéutica) la existencia de tal engrama, ya que se recibió durante un momento en que el potencial de la mente analítica era extremadamente bajo.

*"Durante los momentos en que el potencial de
la mente analítica se ve reducido por la fatiga,
la enfermedad o circunstancias similares, el individuo puede
observar en su entorno uno o más de los percépticos
contenidos en el engrama, y sin darse
cuenta de que los ha observado ni de su identidad, el
individuo se ve inmerso en una dramatización del
momento de recepción del engrama".*

Como analogía adicional, y sólo con fines demostrativos, se puede considerar que un engrama es un paquete de percepciones de una naturaleza precisa. Un engrama es una secuencia dramática completa implantada durante una inconsciencia que posee unas claves de percéptico específicas, cualquiera de las cuales, al percibirlas el individuo en su entorno de forma no analítica, puede en mayor o menor grado hacer que el engrama entre en un estado de reacción.

Al serle negado el engrama a la mente analítica en el momento de su recepción, su carácter preciso le es negado a la mente analítica durante su dramatización. Su contenido es literal y, en el nivel fisio-animal, exige acción. La capacidad analítica del Hombre y su vocabulario se encuentran impuestos en una posición superior tanto respecto a la mente fisio-animal como a la mente reactiva, tanto en la línea temporal evolutiva como en la consciencia. La carga contenida en el engrama es inagotable y permanece reactiva y con toda su fuerza siempre que los reestimuladores la conecten al circuito.

Los *reestimuladores* son las semejanzas entre el entorno del individuo y el contenido de un engrama. Puede haber reestimuladores para cualquiera de los diversos sentidos. El archivado ordenado de los percépticos en la memoria al parecer no incluye el contenido de los engramas, ya que estos se archivan por separado bajo un encabezamiento de "peligro inmediato".

Existen tres clases de *pensamiento*. El primero es *engrámico*, o *literal.* Este exige acción inmediata sin que la examine la mente analítica. Una mano que se retira del hornillo caliente cuando recibe una quemadura está siendo gobernada por el principio reactivo; pero como el instante de inconsciencia subsiguiente causado por la conmoción es generalmente leve, no puede decirse que se haya formado un verdadero engrama.

El segundo tipo de pensamiento es *pensamiento justificado.* El pensamiento engrámico es literal, sin razón, irracional. El pensamiento justificado es el intento de la mente analítica de explicar las reacciones reactivas, engrámicas, del organismo o de la mente en el curso ordinario de la vida. Todo engrama puede causar alguna forma de conducta aberrada por parte del individuo. El pensamiento justificado es el esfuerzo de la mente consciente por explicar esa aberración reduciendo su importancia; sin admitir, como normalmente no lo puede hacer, que le ha fallado al organismo.

El tercer tipo de pensamiento, que es el óptimo, es el *pensamiento racional.* Este es el pensamiento que utiliza un Clear.

Un engrama es una sobrecarga evidente en el circuito mental con cierto contenido concreto, finito. A esa carga no la alcanza ni la examina la mente analítica, pero esa carga es capaz de actuar como una orden independiente.

Cuando el potencial de la dinámica básica del individuo se multiplica debido a una necesidad observada, a veces la carga que perdura en los engramas es insuficiente para pugnar con el propósito intensificado. En ese caso, se puede observar que la mente analítica funciona con pleno mando sobre el organismo, sin que haya modificaciones significativas debido a ordenes engrámicas.

En otras ocasiones, la hostilidad que existe en el entorno y la confusión de la mente analítica se combinan para reducir el potencial de la dinámica hasta tal punto que puede verse que la orden engrámica, en comparación con la dinámica básica, es extremadamente potente. Es en esas ocasiones, en presencia de reestimuladores incluso leves, cuando el individuo demuestra más sus aberraciones.

Un engrama es muy doloroso o muy amenazante para la supervivencia del organismo, y sólo es un engrama si no lo puede alcanzar la mente analítica despierta.

Una sencilla aproximación de la acción de un engrama puede conseguirse mediante un experimento de hipnotismo, en el cual a un paciente en trance amnésico se le da una sugestión positiva que contenga una señal posthipnótica. El sujeto, a quien se ha ordenado que olvide la sugestión cuando despierte, llevará a cabo entonces la acción que se le ha ordenado. Esta sugestión es, en realidad, una leve porción de la mente reactiva. Es literalmente interpretada, incuestionablemente obedecida, pues se recibió durante un periodo de inconsciencia de la mente analítica o de una porción de ella. El reestimulador, que puede ser la acción del operador de ajustarse la corbata, hace que el sujeto lleve a cabo cierta acción. El sujeto explicará entonces por qué está haciendo lo que está haciendo, sin importar lo ilógica que pueda ser esa acción. Luego se trae a la mente del sujeto la sugestión posthipnótica, y él la recuerda.

La compulsión desaparece (a menos que la sugestión esté apoyada en un engrama verdadero).

La fuente de la obediencia del sujeto a la orden es el pensamiento engrámico. La explicación que el sujeto da de su acción es la mente analítica observando al organismo, que supone que está exclusivamente a su cargo, y justificándose a sí misma. La liberación de la sugestión posthipnótica poniéndola en la mente analítica trae consigo el pensamiento racional.

Puede considerarse que los engramas son sugestiones posthipnóticas impuestas con dolor, a menudo atemporales, e impartidas al sujeto "inconsciente" de manera antagónica. La sugestión posthipnótica dada al sujeto en el ejemplo anterior no tendría ningún efecto permanente sobre el sujeto, aun cuando el operador no la retirara, ya que se supone que no había antagonismo alguno implicado (a menos, claro está, que descansara sobre un engrama anterior).

Por cada engrama hay un *somático* como parte de ese engrama. No existe ninguna aberración sin sus somáticos, a menos que sea una aberración racial y educacional, en cuyo caso es compatible con su entorno y por lo tanto no se considera irracional.

Toda *aberración* contiene su orden exacta en algún engrama.

El número de engramas por individuo son relativamente pocos. La condición aberrada del individuo no depende del número de engramas, sino de la gravedad de los engramas individuales.

La gravedad de un engrama es exactamente proporcional al grado en que el organismo considere que fue un momento de amenaza para la supervivencia. El carácter de la amenaza y el contenido de percépticos produce la aberración. Una cantidad de engramas con percépticos similares (*cadena de engramas*) en un individuo produce una pauta compleja de aberración cuyas partes son, no obstante, engramas individuales.

Ejemplo: Engrama recibido a los tres años y medio de edad. Sujeto adulto. De niño en un sillón de dentista, contra su voluntad, bajo condiciones antagónicas, se le administra óxido nitroso y el dentista lo engaña. Durante una parte dolorosa del tratamiento el dentista dice: "Está dormido. No puede oír, ni sentir ni ver nada. Quédate ahí".

Los percépticos que se pueden reestimular en este caso son la cualidad, el tono y el volumen de la voz del dentista; el sonido del taladro del dentista; los latigazos del cable que hace girar el taladro; ruidos de la calle de algún tipo específico; el táctil de la boca que se mantiene abierta a la fuerza; el olor de la mascarilla; el sonido de agua corriendo; el olor del óxido nitroso; y, en resumen, varios percépticos de cada clase, excluyendo sólo la vista.

El efecto de esta experiencia, al ser parte de una cadena de engramas que contenía dos experiencias anteriores (*precursores*), era en una pequeña medida el de poner al individuo en trance, y mantener una parte de él en un estado de regresión.

Este engrama es demasiado breve y extraordinariamente simple, pero servirá de ejemplo para el auditor. El carácter atemporal de las sugestiones, el antagonismo concebido, los precursores en la cadena de engramas que se han despertado y reforzado..., todas estas cosas, confundieron el sentido temporal del individuo, y más tarde en la vida resultaron reactivas de otros modos.

Una aberración es la manifestación de un engrama, y es grave sólo cuando influye en la competencia del individuo en su entorno.

Los engramas son de dos tipos, dependiendo de la duración de la reestimulación. Hay *flotantes* y *crónicos*. Un *flotante* no se ha reestimulado en el individuo durante la vida que le sigue. Un *crónico* es un engrama que ha estado más o menos continuamente reestimulado, de manera que ha llegado a ser una parte evidente del individuo. Un crónico empieza a reunir candados. Un flotante no ha acumulado candados, ya que nunca se ha reestimulado.

Un *candado* es una experiencia mental dolorosa. La mente analítica lo puede considerar o no como una fuente de dificultad o aberración. Es un periodo de angustia mental, y su valor doloroso depende por completo de un engrama. Se puede considerar que un candado está unido a un engrama de tal manera que lo pueden alcanzar los múltiples escáneres de la mente analítica que no pueden alcanzar el engrama. Cuando se activa un engrama volviéndose crónico, acumula muchos candados en la línea temporal del individuo. El engrama en sí no es localizable de inmediato, excepto somáticamente, en la línea temporal del individuo. Los candados tienen cierto valor de diagnóstico, pero como existen como experiencias más o menos recordables por la mente analítica, se puede contar con que se desvanecerán en el momento en que se elimine de la mente reactiva el engrama, sin más terapia.

El tratamiento de un candado como tal tiene cierto valor terapéutico, pero drenar los candados de un individuo aberrado es una tarea larga y ardua y pocas veces produce algún resultado duradero. Al localizar y drenar el engrama de la mente reactiva, todos sus candados se desvanecen. Un engrama puede estar inactivo como un flotante durante cualquier número de años o durante toda la vida del individuo. En cualquier momento después de recibir un engrama, ya sea que el periodo transcurrido sea de días o décadas, el flotante puede reactivarse formando un candado, momento en que se vuelve parte de las órdenes que la mente analítica obedece en sus esfuerzos por racionalizar. Apartar al individuo de sus reestimuladores (es decir, del entorno en el que el engrama era reactivo), es en sí una forma de terapia, ya que el engrama puede entonces volver a su estatus de flotante. Pero devolverlo a ese estatus no retirará los candados, que la mente analítica puede entonces recordar como experiencias dolorosas.

Ejemplo: Engrama: En el parto tiene lugar la frase: "No vale para nada" durante un momento en que el niño respiraba de forma entrecortada y tenía dolor de cabeza.

Candado: A los siete años, mientras el niño estaba enfermo con una afección menor, la madre, en un arranque de cólera, dijo que él: "No vale para nada".

Por lo general, al eliminarse el engrama, también se elimina el candado, sin tener que hacer otra cosa.

Observación: En el caso anterior, el nacimiento permaneció inactivo como flotante hasta que a los siete años de edad, en un momento de reducción del poder analítico, se repitió una frase que se dijo en el parto. Vale la pena mencionar que todo el contenido del engrama del nacimiento lo reciben tanto el hijo como la madre al mismo tiempo, con la única diferencia de los somáticos. También es digno de mencionar que con frecuencia la madre ve en el hijo un reestimulador, y usa contra él frases que se dijeron cuando el hijo le causó el máximo dolor, o sea en el nacimiento. El niño cae entonces víctima de diversas afecciones psicosomáticas por la repetición de sus reestimuladores del engrama del nacimiento, afecciones que pueden agravarse todavía más, convirtiéndose en una auténtica enfermedad más grave.

La mente controla las funciones múltiples y complejas del crecimiento y la condición del organismo. Al contener la sensación orgánica como uno de sus percépticos, el engrama entonces, al reactivarse, provoca un somático y además puede negar fluidos corporales (es decir, hormonas y sangre), a alguna porción de la anatomía, ocasionando enfermedades psicosomáticas. La negación de fluido o de un suministro adecuado de sangre puede tener como consecuencia un área potencialmente infecciosa. El psicosomático reduce la resistencia de alguna porción del cuerpo frente a una auténtica enfermedad.

Los somáticos y otros errores sensoriales tienen como base los momentos antagónicos inconscientes. Un somático puede corregirse abordando un candado, pero esta corrección prevalecerá sólo hasta que el engrama se active de nuevo, causando otro candado.

Todas las aberraciones están ocasionadas por engramas.

La mente fisio-animal de un organismo nunca deja de grabar en algún nivel. Hasta la fecha no se ha determinado con precisión el momento exacto en que un organismo empieza a grabar. Se ha encontrado que es muy al principio, probablemente antes de cuatro meses tras la concepción y cinco meses antes del nacimiento. Habiendo dolor, cualquier momento anterior a los dos años de edad puede considerarse no analítico. Cualquier experiencia dolorosa recibida por el feto contiene todo un lote de percépticos, incluyendo oscuridad.

Una vez que un auditor haya trabajado con un *engrama prenatal* y haya visto su influencia en la cadena de engramas y en la vida del adulto despierto, no le quedará ninguna duda respecto a la veracidad de la experiencia. El hecho de que el feto grabe se atribuye a un fenómeno de amplificación de la capacidad de percibir durante momentos de dolor y ausencia de la mente analítica.

Los experimentos de laboratorio demuestran que bajo hipnosis se puede amplificar artificialmente la percepción sensorial de un individuo.

La existencia de un alto grado de dolor es suficiente para amplificar el oído del feto, de manera que grabe, durante la existencia de dolor y la presencia de sonido exterior, el registro entero y completo de la experiencia. Puesto que el engrama crónico sólo está fijado a la mente de manera precaria, las sílabas o los timbres de voz contenidos en el prenatal reactivarán el somático y el contenido engrámico emocional, siempre que aparezcan semejanzas a tal engrama en las proximidades del niño (o del adulto).

No es necesaria la comprensión del lenguaje para reactivar un engrama, pues la grabación de la mente es tan precisa que la pronunciación de palabras idénticas en tonos similares, durante periodos prenatales tardíos, durante el nacimiento o justo después del nacimiento, es capaz de ocasionar, y seguramente lo hará, que el engrama prenatal original o cualquiera de los prenatales se vuelva reactivo: produciendo candados, dañando la salud del bebé o, si a eso vamos, del feto.

Los percépticos del feto se amplifican sólo durante momentos de dolor. Pero una cadena de engramas prenatales puede causar una condición en donde el oído del feto esté amplificado de forma crónica, formando numerosos candados antes del nacimiento. Estos candados se desvanecerán cuando se descubran los verdaderos engramas que hay en la psique y se drenen.

Todo momento doloroso no analítico que contenga antagonismo, no es sólo algo que se graba, sino una fuente de acción potencial en el organismo humano en cualquier periodo de su vida; sin entrar, por supuesto, en la cuestión de cuándo empieza el feto a grabar por primera vez.

Por lo general, el nacimiento es una experiencia inconsciente severamente dolorosa. Por lo general, es un engrama de cierta magnitud. Así pues, todo aquel que haya nacido tiene, por lo menos, un engrama.

Cualquier momento en que el poder analítico esté ausente durante la recepción de dolor físico, tiene cierto valor engrámico.

Los momentos en que el poder analítico está presente en cierta medida, cuando el dolor físico está ausente y sólo existe antagonismo hacia el organismo, no forman engramas y *no* son responsables de la aberración del individuo.

Los desajustes sociológicos, los castigos paternos de índole menor (aun cuando incluyan dolor), las libidos, las peleas de la infancia y los celos no son capaces de aberrar al individuo. Pueden influir en la personalidad y en la adaptación del individuo al entorno. Pero mientras no sea patológicamente incompetente, él puede resolver y resolverá estos problemas y permanecerá sin aberración.

La mente humana es un organismo sumamente poderoso, y su capacidad analítica es inmensa. No se encuentra situada encima de unos deseos innatos antisociales o malignos, sino en unos fundamentos poderosos y constructivos que sólo las experiencias muy potentes, dolorosas y antagónicas pueden obstaculizar. Se encontrará que el individuo considera que los engramas son en extremo antagónicos a la supervivencia del organismo.

El primer problema del auditor es descubrir el *engrama básico.* Este normalmente resulta en una cadena de engramas. Se encontrará que el contenido de esta cadena es físicamente grave.

Un engrama es físicamente doloroso; el organismo lo considera una amenaza antagónica a su supervivencia, y se recibe en ausencia del poder analítico de la mente. Estos factores pueden variar dentro del engrama, de tal manera que un engrama puede ser de dolor mínimo, de antagonismo máximo y de ausencia mínima del poder analítico; pero ningún engrama está disponible para los escáneres de la consciencia.

ATENCIÓN: UNO TIENE TANTO ANALIZADOR EN FUNCIONA-
MIENTO COMO TENGA CONSCIENCIA DEL "AHORA".

El cuerpo está, hasta cierto grado, volviendo a atravesar la experiencia del engrama cada vez que se reestimula la experiencia. Un psicosomático crónico, como un dolor en el brazo, indica la coexistencia continua, crónica, del momento en que se fracturó o lastimó el brazo con el "ahora". Varios engramas reactivados hasta formar un estado crónico hacen que varios momentos de inconsciencia, dolor y antagonismo coexistan con el "ahora". El engrama es un paquete de percépticos que incluye, como manifestación primaria, la sensación orgánica. La sensación orgánica se impone sobre los miembros del cuerpo en un mayor o menor grado cada vez que el engrama se reestimula y mientras esté reestimulado. Sólo existe *una* orden psicosomática que es común a todos los engramas. Todo engrama la contiene como parte de la orden que impondrá al cuerpo. La mente analítica es un organismo y parte del cuerpo humano. Así como a un estómago se le puede obligar a doler crónicamente (úlceras), para sentirse "roto" el engrama también impone una orden sobre el *órgano* de la mente analítica. Esa orden es común a todo engrama. Los engramas sólo son válidos cuando se reciben durante una dispersión momentánea de una condición de nulidad por conmoción de la mente analítica.

**TODO ENGRAMA CONTIENE E IMPONE A LA MENTE ANALÍTICA
LA ORDEN DE QUE *SE LE HA DISPERSADO Y NO ESTÁ ACTUANDO*.**

Esto es común a todo engrama. Esto es una reducción del intelecto debido a los engramas, aparte por completo del contenido engrámico específico. Explica de inmediato la demencia y también la notable agilidad mental de un Clear.

Capítulo Seis

ABERRACIONES

Aberraciones

Todas las *aberraciones,* del tipo que sean, tienen exactamente la misma naturaleza (como se explicó en el capítulo anterior). Es el contenido del engrama lo que causa la aberración y forma su naturaleza. La complejidad entre el contenido engrámico puede hacer que se manifieste una aberración de lo más compleja.

Las diversas órdenes contenidas en los engramas, al reactivar y modificar la orden dinámica básica de la mente, producen características anormales en el comportamiento de la mente analítica, que pueden ser crónicas o esporádicas según se reestimulen los engramas que las causan. Se puede construir todo un concepto de la existencia a partir de contenido engrámico. Los conflictos existentes en las órdenes contenidas en los engramas y los conflictos entre la dinámica básica y el contenido engrámico se combinan formando pautas de comportamiento.

Cuando el organismo llega a estar tan aberrado que ya no puede adaptarse a este entorno, se puede considerar demente en ese entorno. Un cambio de entorno puede aliviar tal condición o, lo que es más seguro, el drenaje del contenido de la mente reactiva restaurará la capacidad de la mente analítica para resolver los problemas a los que se enfrenta.

Sea cual sea el contenido engrámico de la mente reactiva y su influencia potencial sobre el comportamiento del individuo, no tiene por qué implicar que la mente reactiva esté reestimulada crónicamente.

Sin embargo, cuando la mente reactiva ha sido constantemente reestimulada, la mente analítica a la que se le pide resolver problemas esquivando y pasando a través de datos incorrectos y antagónicos, puede ser incapaz de llevar a cabo su tarea. En ausencia de enfermedad o lesión, toda mente que no se encuentre en un estado de retraso mental fisiológico se puede devolver a su funcionamiento normal mediante la eliminación de la mente reactiva. Sin embargo, debe tenerse en cuenta que esto se ve modificado por el hecho de que los individuos que han recibido choques de insulina, lobotomías prefrontales, electrochoques y otros tratamientos de choque, se consideran inciertos y se clasifican temporalmente entre los casos de enfermedad debido a la falta de observación adecuada en esta etapa de la investigación experimental.

Las personas se pueden considerar racionales o irracionales sólo en la medida en que reaccionan en su entorno habitual. Pero cualquier persona en posesión de una mente reactiva es inclasificable hasta que se haya examinado su mente reactiva. Si se ha examinado, su mente se puede limpiar en el mismo proceso.

En los engramas de la mente reactiva, existen diversos factores que con toda seguridad tienden a la aberración. Estos incluyen órdenes engrámicas que desajustan el sentido temporal del individuo y que por tanto aparentemente destruyen su línea temporal, engramas que contienen reestimuladores cuya atemporalidad y contenido percéptico es tal que de ahí en adelante permanecen continuamente en el individuo y parecen detenerlo o hacerlo retroceder en el tiempo.

Los engramas que contienen órdenes que hacen que el individuo esté incapacitado crónicamente para concebir diferencias, son especialmente dañinos, ya que estos engramas tienden a compararlo todo con valores engrámicos, ocasionando así que el individuo llegue a un estado crónico de pensamiento engrámico.

La mente es un organismo que resuelve problemas relacionados con la supervivencia, usando su capacidad para concebir semejanzas y observar diferencias.

Los engramas que destruyen o tienden a mantener en suspenso la capacidad de la mente analítica para concebir asociaciones son los que más influyen en la inteligencia aparente de la mente. Pero los engramas que, por su contenido en cuanto a órdenes, tienden a destruir la capacidad de la mente para concebir diferencias, pueden producir aberración grave.

"Los engramas que contienen órdenes que hacen
que el individuo esté incapacitado crónicamente
para concebir diferencias, son especialmente dañinos,
ya que estos engramas tienden a compararlo todo con
valores engrámicos, ocasionando así que el individuo
llegue a un estado crónico de pensamiento engrámico".

Ejemplo: "Todos los hombres son iguales", recibido como un poderoso contenido engrámico, tendería a comparar a cada hombre con los hombres contenidos en la mente reactiva como dolorosos y peligrosos, y asociarlo con ellos.

Una aberración puede adoptar cualquier forma o complexión. A modo de analogía aproximada, se puede considerar que una *compulsión* es una orden engrámica de que el organismo *debe* hacer algo; una *represión* es una orden de que el organismo *no* debe hacer algo; una *neurosis* es un estado emocional que contiene conflictos y datos emocionales que inhiben las capacidades o el bienestar del individuo; y una *psicosis* es un conflicto de órdenes que reduce seriamente la capacidad del individuo para resolver sus problemas en su entorno hasta el punto de no poder ajustarse a alguna fase vital de sus necesidades en el entorno.

Toda esa variedad de manifestaciones de aberración está ocasionada por las órdenes impuestas por dolor o por contenido de engramas.

Las aberraciones físicas están ocasionadas por engramas cuando no son el resultado de lesión o enfermedad. Aun entonces, el aspecto se puede mejorar mediante el drenaje de la mente reactiva del individuo enfermo. El engrama no se puede manifestar como aberración mental sin manifestarse también hasta cierto grado como aberración somática. La eliminación del contenido somático de los engramas, que también es necesaria para obtener cualquier otro alivio, puede ocasionar y ocasiona reajuste glandular, crecimiento celular, inhibición celular y otras correcciones fisiológicas.

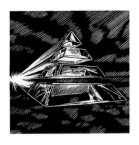

Capítulo Siete

La Escala Tonal

La Escala Tonal

L a *Escala Tonal* denota en forma numérica, primero la categoría de un engrama en la mente reactiva, después, su progreso durante el trabajo, y proporciona una medida de la cordura de un individuo.

El origen de esta escala es clínico, y se basa en la observación de los engramas durante el trabajo. Cuando se localiza y se desarrolla un engrama, el curso extremo que puede seguir se inicia en *apatía,* pasa a *enojo* (o las diversas facetas de antagonismo), prosigue hasta *aburrimiento,* y al final llega a *alegría* o se desvanece por completo.

La Escala Tonal es en esencia una asignación de valores numéricos mediante la que se puede clasificar numéricamente a los engramas y a los individuos. No es arbitraria, sino que, como se verá, representa una aproximación a cierta ley reguladora que existe en la naturaleza.

El tono 0 equivale a muerte. Un engrama con un tono 0 sería un engrama de una muerte. Un individuo con un tono 0 estaría muerto.

Al avanzar hacia arriba, desde 0 a 1, se encuentra la banda emocional que se puede llamar apatía, a lo largo de su escala graduada que va desde la muerte hasta los inicios del resentimiento apático.

De 1 a 2 está la zona del antagonismo, que incluye sospecha, resentimiento y enojo.

El aburrimiento y sus equivalentes, los cuales indican un leve fastidio, comienza en 2 y termina en 3.

De 3 a 4 se encuentran las emociones que van desde indiferencia hasta alegría.

El término *Tono 4* se refiere a un engrama o a un individuo que ha alcanzado la racionalidad y alegría completas.

Se puede usar la escala decimal de 0.0 a 4.0 para aproximar al valor emocional de los engramas y su capacidad para obstaculizar las dinámicas.

Cada engrama que perdura en la mente reactiva tiene su propio valor tonal independiente. Los engramas graves se encontrarán en la banda de apatía. Los engramas peligrosos se encontrarán en la banda de enojo. Por encima de 2.5 un engrama no se podría considerar que tuviera mucho valor para afectar a la mente analítica. Todo engrama de la mente reactiva, pues, se puede decir que posee un valor tonal. La suma compuesta de estos engramas daría, si se sumara, un valor numérico a la mente reactiva.

Los engramas se pueden calcular según su posición en las dinámicas, y a cada dinámica se le puede asignar un tono. La suma de los tonos de las dinámicas dividida entre el número de dinámicas proporcionará un valor numérico potencial para un individuo. Este, por supuesto, es variable, dependiendo de la existencia de reestimuladores en su entorno que reactiven los engramas. El tono general de un individuo es importante tanto en el diagnóstico como al establecer una resolución para el caso.

El promedio probable de la Humanidad, en el momento de escribirse este libro, puede que esté en las proximidades de 3.0. La racionalidad completa depende de un drenaje completo de la mente reactiva, y la racionalidad completa es invariablemente el resultado de alcanzar el Tono 4.

El diagnóstico inicial para una persona en Dianética se lleva a cabo mediante la asignación de un tono general que denote la condición de su mente reactiva. Sus métodos para encarar la vida, su reacción emocional ante los problemas de su entorno pueden evaluarse mediante el uso de la Escala Tonal.

En la terapia, como se tratará más adelante, por lo general se puede esperar que un engrama vaya desde su valor inicial en la banda de apatía o en la de enojo hasta el Tono 4. Muy poco después de llegar al Tono 4, debería desvanecerse. Si se desvanece sin alcanzar la risa del Tono 4, se puede asumir que aún no se ha borrado el engrama básico del individuo.

La Escala Tonal es valiosa en la terapia y debe comprenderse a fondo.

La Escala Tonal

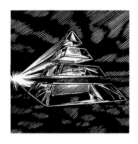

Capítulo Ocho

El Carácter de los Engramas

El Carácter de los Engramas

Existen varios *tipos de engramas* generales. Se debe entender que la mente posee una *línea temporal* de uno u otro tipo, y que esta línea es una cosa específica. La línea temporal de un individuo incluirá todas aquellas cosas que están al alcance de su mente analítica, pero los datos con los que él puede contactar con facilidad a lo largo de su línea temporal definitivamente no son engrámicos, aunque posean una carga emocional. Todo en esta línea será experiencia racional o justificada. No incluirá engramas. Puede incluir candados o incluso *engramas candado,* es decir, puede incluir momentos de angustia mental o antagonismo e incluso puede incluir instantes de inconsciencia que tengan algún ligero valor engrámico y que son candados sobre algún engrama.

Un engrama tiene diversas características específicas e inequívocas. El individuo lo recibe en algún momento de dolor físico. No está al alcance del analizador. Y contiene antagonismo, real o imaginado, hacia la supervivencia del organismo. Ciertos mecanismos, como "Olvídalo", pueden desviar de pronto de la línea temporal una experiencia de dolor o de inconsciencia mínimos. En ese caso, esa experiencia queda dotada de valor engrámico.

Todos los engramas capaces de trastornar a la mente analítica y de aberrar al cuerpo físico se encuentran fuera de la línea temporal y no están al alcance de la mente analítica sin la asistencia del auditor.

A causa de la desorganización del analizador en el momento en que se recibió el engrama, o porque se le haya ordenado a la fuerza que no debe recordar los datos en el engrama, el analizador no puede llegar al engrama por los medios ordinarios, ya que los datos se han etiquetado erróneamente como "Peligrosos", "Importantes" o "Demasiado dolorosos para tocarlos". Por lo tanto, mediante un circuito de desviación, el engrama le suminista órdenes ocultas al analizador. Por medio de un circuito directo e instantáneo, está conectado de forma permanente a los controles motores, a todos los canales percépticos, a las glándulas y al corazón. Está esperando un momento de tono general bajo, de fatiga o lesión, en el que la mente analítica tenga poderes reducidos. También está esperando la percepción de uno o más de los reestimuladores del engrama en el entorno del organismo.

La reestimulación continua de los engramas puede, por sí sola, causar un tono general bajo, lo que a su vez permite que se reestimulen más engramas. Conforme la mente reactiva llega a un estado crónico de reacción más o menos completo, el individuo se encuentra más y más gobernado por esta mente. Su pensamiento se vuelve más y más engrámico, y puede observarse que su tono general cae por la Escala Tonal hasta el punto de ruptura, que puede situarse arbitrariamente en algún lugar entre 2.0 y 2.5, y por debajo del cual se encuentra la zona de la demencia.

El pensamiento engrámico es pensamiento-identificativo irracional, por el que a la mente se le hace imaginar identidades donde puede que sólo existan vagas semejanzas. Es necesario que el auditor comprenda a fondo el pensamiento engrámico, ya que es con esta completa irracionalidad de identidad con lo que básicamente tratará. Conforme trabaje con cualquier individuo, cuerdo o demente, debe emplear continuamente en el grueso de sus cálculos sobre el caso, la ecuación del pensamiento engrámico.

El pensamiento engrámico puede formularse como: A=A=A=A=A.

El engrama, cuando se perciben en el entorno uno o más de sus reestimuladores durante un momento de tono general bajo, puede dramatizar. La dramatización *es* el contenido exacto del engrama. La aberración *es* el contenido exacto del engrama. La reacción de la mente analítica de un individuo, cuando se reactiva un engrama, *es* la justificación.

Existen razones para creer que parte de este mecanismo de supervivencia consiste en el axioma:

EL ANALIZADOR NUNCA DEBE PERMITIR UNA SOLUCIÓN INCORRECTA.

El engrama origina muchas soluciones incorrectas. El analizador puede perfectamente llegar a verse totalmente ocupado intentando descubrir y dar a una sociedad, o a sí mismo, razones racionales adecuadas para el comportamiento del organismo.

La mente analítica, aun cuando funciona a partir de la orden del engrama mismo, no se percata de la fuente de la orden. Al no poder descubrir la fuente, se introvierte más y más tratando de resolver un problema que contiene peligro para el organismo. La mente analítica tiende a encontrar el peligro fuera y dentro del organismo.

Existen cinco maneras en que un organismo puede reaccionar ante un peligro en sus proximidades. Lo puede *atacar, evitar, ignorar, huir* de él o *sucumbir* a él. Estas son las únicas formas en que la mente analítica, que como debe recordarse *posee* fuerza de voluntad y auto-determinismo, puede reaccionar ante la mente reactiva. A medida que el tono general baja, es decir, conforme la mente analítica se vuelve menos y menos poderosa por la fatiga, los continuos reveses en la salud general, etc., más y más atención debe prestar a los problemas no resueltos de la mente reactiva. Estos son en esencia problemas no resueltos. Como tales, contienen sus propias soluciones. La mente analítica, al ser incapaz de alcanzarlos, justifica la reacción que el organismo tiene ante ellos (sucumbe ante ellos); hace que el organismo trate de huir de ellos; los puede ignorar apáticamente (como en la lobotomía prefrontal); los evita de muchas maneras complicadas; o los ataca. La mente analítica no sólo no está segura de dónde se encuentra la experiencia en la línea temporal, sino que tampoco sabe si la amenaza se encuentra dentro o fuera del organismo. Así, puede volverse completamente indiscriminada, y al final puede llegar a soluciones sumamente irracionales mediante las cuales trata de resolver los problemas de la sumamente irracional mente reactiva.

Es evidente que el profundo canal de percepción sensorial que entra en la mente está equipado con un *apreciador* que ordena los datos de acuerdo al tono general momentáneo o al potencial de la mente analítica.

Cuanto más elevado es el tono general o el potencial de la mente analítica, tanto mejor ordena los datos el apreciador. Evidentemente, los circuitos del apreciador están muy al tanto del contenido engrámico de la mente reactiva, y evalúan a los reestimuladores que se perciben en el entorno, en función del tono general de la mente analítica. Cuando este es bajo, los reestimuladores se dirigen de forma más o menos directa a la mente reactiva, la cual responde instantáneamente mediante conexiones fijas a los controles motores. Las órdenes a los diversos miembros, músculos, glándulas y órganos del cuerpo pueden ser esporádicas o constantes, produciendo una gran variedad de respuestas en el cuerpo. Cuando se reestimula un engrama, los circuitos de voz reciben directamente de la mente reactiva vocabularios completos. A otras partes, se les surte con órdenes de estar activas o inactivas. La línea temporal individual del engrama espacia las órdenes al organismo, y se produce una dramatización que puede abarcar una porción o la totalidad del contenido del engrama, según sea la situación. Las enfermedades psicosomáticas, las histerias, los ataques de ira, los berrinches, los actos criminales y todos y cada uno de los contenidos dañinos para la supervivencia del organismo a los que el organismo se ve que se está entregando, tienen su origen en la mente reactiva.

El contenido de la mente reactiva es única y exclusivamente *lo que fuentes exteriores le han hecho al organismo.*

Ninguna parte del contenido de la mente reactiva es automotivada. Por lo tanto, al auditor sólo le interesa lo que se le ha hecho *a* la persona, no lo que la persona ha hecho, ya que para los fines de la terapia, los actos del organismo en su sociedad pueden descartarse, más allá de la diagnosis. Incluso entonces, son de poca importancia para el auditor.

Un organismo que posea una mente analítica que no haya sido víctima de una enfermedad o lesión incapacitantes y que no esté aberrada, no cometerá a sabiendas ningún acto perjudicial para la supervivencia del organismo o de otros factores dentro de las dinámicas. Luchará sólo contra los peligros en la sociedad que sean verdaderas amenazas.

Sea cual sea el estatus del "sentido moral innato", la intención básica de la personalidad básica es promover diversas formas de energía a lo largo de la dinámica en dirección a la meta. Sólo los momentos de dispersión real del estado consciente de la mente analítica permiten recibir datos que son perjudiciales para la intención de las dinámicas.

Sólo debido a esos momentos inconscientes puede la mente analítica, que es básicamente estable e inmensamente fuerte y capaz, aberrarse debido a la implantación de información sin analizar, de carácter antagónico y administrada con dolor. El propósito del auditor es encontrar y drenar estos momentos de la vida del individuo. Esta terapia incluye, por lo tanto, como su principio básico, el drenaje de todos los momentos dolorosamente inconscientes de la vida de una persona. Al erradicar el dolor de la vida de un individuo, el auditor devuelve al individuo a una completa racionalidad y cordura.

El auditor nunca debería contentarse con llevar al individuo de nuevo a la normalidad. Debería alcanzar con el individuo un Tono 4, aun cuando este tono se encuentre muy por delante del estado medio de la sociedad actual. Un Tono 4 con sus dinámicas intactas y poderosas, con su racionalidad e inteligencia elevadas al grado óptimo, resulta extremadamente valioso para la sociedad, sea cual sea su pasado.

Sabiendo esto, el auditor puede esperar un máximo resultado perdurable en cualquier persona que no esté físicamente desahuciada.

Un auditor logrará los mejores resultados en Dianética si ignora los impulsos de educar o informar al individuo de cualquier forma más allá de las instrucciones suficientes para obtener cooperación.

El único objetivo del auditor es rehabilitar la dinámica básica, las cuatro dinámicas, y el propósito o profesión normales del individuo. Todo lo que se implante mediante sugestión positiva o educación en el curso de la terapia, es dañino y se debe cancelar si se diera. Sólo la personalidad básica del individuo puede decidir y evaluar las cosas en su entorno. Por lo tanto, debe huir del hipnotismo practicado con sugestiones positivas, ya que todas y cada una de las órdenes hipnóticas, con los mecanismos olvidadores que las acompañan, no son otra cosa que engramas implantados de forma artificial. De hecho, es bastante común que el auditor tenga que drenar material implantado hipnóticamente, recibido bien de algún hipnotizador o bien de la propia mente analítica de la persona cuando esta ha estado actuando bajo "autocontrol". El hipnotismo, como tal, no funciona, y un estudio y un breve ejercicio en el campo de Dianética revelará la razón exacta.

El auditor está tratando de borrar la mente reactiva del individuo. Esta mente reactiva es una plaga de órdenes ajenas, descuidadas e irrazonables, que trastornan el auto-determinismo del individuo a un grado tal que ya no está a cargo del organismo en sí mediante su mente analítica, sino que se encuentra sujeto a las órdenes continuas y crónicas de fuerzas exteriores, inadvertidas y jamás examinadas que, con frecuencia y por lo general, son antipáticas a la supervivencia del organismo.

Los engramas tratan con identidades donde no existe identidad alguna. Plantean por lo tanto muchos problemas extraños e irracionales que se ven como aberraciones en la gente. Si un ser humano ha nacido y no se le ha llevado a Clear, es de suponer que tenga, por lo menos, un engrama. Cualquiera que tenga un nacimiento que no se haya limpiado con la terapia tiene, por lo tanto, una mente reactiva. No hay nada vergonzoso en tener una mente reactiva, puesto que dicha mente le fue impuesta, sin su conocimiento ni consentimiento, a un individuo inconsciente e indefenso. Algunas veces esto lo hicieron personas con las mejores intenciones del mundo. Una persona que no posea una mente racional no puede racionalmente ser considerada moralmente responsable, sin importar las exigencias de la sociedad actual que hasta ahora carecía de método alguno para determinar la responsabilidad.

El dolor contenido en la mente reactiva es normalmente severo. Los habituales castigos paternos, los problemas familiares, los regaños, los accidentes leves y la lucha del individuo con su entorno, influyen en una mente reactiva, pero no la causan. Ni tampoco tienen estas cosas el poder de cambiar considerablemente las reacciones de un individuo.

En los antecedentes de cualquier individuo existen muchas personalidades ocultas contenidas en la mente reactiva. Al tratar con identidades, la mente reactiva con frecuencia confunde las identidades de los individuos. Por lo tanto, los individuos aberrados desarrollan vínculos y antipatías irracionales, y con frecuencia no encuentran razón para tales vínculos o antipatías en su entorno contemporáneo.

El contenido de un engrama se interpreta literalmente, no como se le dijo al individuo inconsciente, sino como se recibió en su fraseo y percepción más literales.

El organismo posee muchos mecanismos y capacidades inherentes con los que puede aprender, preservarse o progresar a lo largo de la dinámica. Cualquiera de estos puede ser exagerado por engramas hasta un punto en que llegue a ser una verdadera amenaza para el organismo

"Si un ser humano ha nacido y no se le ha llevado a Clear,
es de suponer que tenga, por lo menos, un engrama.
Cualquiera que tenga un nacimiento que no se haya
limpiado con la terapia tiene, por lo tanto,
una mente reactiva".

o lo aberre. Los engramas pueden aberrar y de hecho aberran todas las percepciones sensoriales, todas y cada una de las partes del cuerpo y la mente en sí. Exigiendo el suicidio, el engrama puede destruir al organismo entero.

El error de la mente reactiva se introdujo con la evolución del habla, para la cual no estaba diseñado el mecanismo básico. Cuando todos los percépticos, salvo el habla, formaban la mente reactiva, esta era útil hasta cierto grado. Con el habla vinieron tales complejidades de percepción y tales intercambios de ideas, que pudieron derivarse series completas de ilusiones y delusiones de la necesidad de la mente reactiva de determinar identidades para enfrentarse a las emergencias.

Sin la mente de tipo reactivo, la supervivencia sería en extremo difícil, ya que esta mente debe encargarse de las emergencias durante los momentos de dispersión de la mente analítica a causa de una conmoción o por otros medios.

Con el habla, la mente reactiva llegó a poseer un amplio contenido y un poder mucho mayor. La mente analítica, al ser un mecanismo delicado en algunos aspectos, sin importar su robustez y capacidad en otros, podía entonces verse sujeta a ilusiones y delusiones que, aun irreales y fantasmales, deben no obstante obedecerse. Al despojar a la mente reactiva de su contenido doloroso del pasado, la mente analítica se puede colocar al mando total del organismo.

En el momento en que un hombre o un grupo llega a poseer esta capacidad, llega a poseer auto-determinismo. Mientras estos posean mentes reactivas, las irracionalidades persistirán. Puesto que contiene habla literal, ninguna mente reactiva puede considerarse que tenga el más mínimo valor para el organismo racional. Ya que los métodos de dicha mente reactiva permanecen intactos y continuarán actuando para preservar al organismo en los momentos de inconsciencia de la mente analítica, no existe bien alguno en ninguna mente reactiva. Es capaz de cualquier ilusión. No tiene el menor poder para ayudar a las dinámicas, excepto únicamente para cancelar o modificar otro contenido de la mente reactiva. La fuente del poder y del propósito del individuo no se deriva de la mente reactiva, sino de la dinámica básica y de las cuatro dinámicas. Cualquier auditor establecerá esto a su propia satisfacción después de haber llevado a Clear unos pocos casos.

Cuando un individuo esté tratando de "aferrarse a sus aberraciones", el auditor puede estar seguro de que esa persona tiene, como parte del contenido de la mente reactiva, frases como: "No te atrevas a deshacerte de eso", las cuales, al interpretarse idénticamente, parecen referirse a las aberraciones. De hecho, estas frases pueden referirse a un engrama que contiene un intento de aborto.

El factor de identidad en la mente reactiva puede ocasionar que la mente analítica responda irracionalmente al tratamiento, y que justifique las aberraciones de muchas maneras irracionales. Sean cuales sean los medios que utilice o las afirmaciones que haga el individuo para evitar que se drene su mente reactiva están contenidos con exactitud en la mente reactiva como sugestiones positivas, y no tienen ninguna aplicación en lo más mínimo en el pensamiento racional.

La individualidad, si con ella queremos decir los deseos y hábitos de una persona, no tiene su origen en la mente reactiva, salvo cuando con "individualidad" se quiera decir las flagrantes excentricidades que en las obras de Dickens pasan por personajes.

Un hombre es mucho más individual después de que se ha limpiado su mente reactiva.

Parte II

Auditación

Capítulo Nueve
El Código del Auditor

El Código del Auditor

No porque sea agradable hacerlo ni porque sea una idea noble, el auditor siempre tiene que tratar a un *preclear** de una cierta manera concreta que se puede esbozar como el *Código del Auditor.* No seguir este código le causará problemas al auditor, prolongará y trastornará considerablemente su trabajo, y puede poner en peligro al preclear.

El auditor, en primer lugar, óptimamente debería ser Clear él mismo. De lo contrario, se encontrará con que muchos de sus propios engramas se reestimulan al escuchar los engramas de sus preclears. Esta reestimulación puede hacer que sus propios engramas se vuelvan crónicos, haciéndolo víctima de diversas alergias y delusiones y ocasionando que esté, en el mejor de los casos, extremadamente incómodo.

Un auditor puede auditar mientras él mismo esté siendo llevado a Clear, por ser este un método peculiar y especial de localizar sus propios engramas, ya que estos se reestimulan. Al volverse dolorosos para él, se pueden encontrar y eliminar con rapidez.

Aun cuando él mismo no sea Clear, el auditor tiene que actuar como un Clear hacia el preclear. El Código del Auditor es la actividad natural de un Clear.

El auditor debe actuar hacia el preclear exactamente del modo en que el preclear, como organismo, desearía que su propia mente analítica consciente considerara al organismo y reaccionara ante él.

**Preclear: individuo al que se ha iniciado en la terapia de Dianética (auditación) con el propósito de llegar a Clear.*

*"El auditor debe actuar hacia el preclear
exactamente del modo en que el preclear,
como organismo, desearía que su propia
mente analítica consciente considerara al
organismo y reaccionara ante él".*

Por lo tanto, se debe mantener una afinidad a toda costa. El auditor nunca debe permitirse perder los estribos, sentirse agraviado, ni regañar, agobiar u oponerse al preclear en forma alguna. Hacerlo no sólo perturbaría la comodidad del preclear, sino que podría además trastornarlo, e incluso impedir que ese auditor lograra beneficios posteriores con la auditación.

El código es casi "a imagen y semejanza de Cristo".

El auditor tiene que estar *seguro de sí mismo,* pues tiene que tranquilizar continuamente al preclear cuando los engramas reestimulados le provoquen abatimiento al preclear. Una presencia alegre, optimista, alienta al preclear a pasar a través de sus experiencias más dolorosas.

El auditor tiene que ser *valiente,* nunca permitir que lo intimide ni la agresión ni la hostilidad del preclear.

El auditor tiene que ser *amable,* nunca caer en hostilidades o prejuicios personales.

El auditor tiene que ser *digno de confianza,* no traicionando nunca a un preclear ni negándole algo caprichosamente, y por encima de todo, nunca faltando a la palabra dada al preclear.

Un auditor tiene que ser *limpio,* ya que los olores corporales o el mal aliento pueden actuar como reestimuladores para el preclear o pueden molestarle.

El auditor tiene que tener mucho cuidado de *no ofender* las ideas o herir los sentimientos del preclear.

El auditor tiene que ser *persistente,* nunca debe permitir que el caso del preclear se le resista o permanezca sin resolver hasta llevarlo a un Tono 4 adecuado, pues la reestimulación de engramas es en sí una enfermedad, a menos que se estén drenando adecuadamente.

El auditor tiene que ser *sosegado,* nunca meter prisa o acosar al preclear, excepto lo necesario para provocar que un engrama salga a la vista. Tiene que estar dispuesto a trabajar siempre que haga falta, durante el tiempo que sea necesario para drenar el engrama que esté en proceso de eliminación.

Además de estas cosas, debe recalcarse que durante el tiempo de auditación se establece una clara afinidad entre el auditor y el preclear. En el caso de sexos opuestos, esta afinidad puede convertirse en un encaprichamiento. El auditor tiene que permanecer consciente de esto y saber que puede y debería desviar dicho encaprichamiento hacia una persona que no sea él o hacia una actividad diferente, cuando la auditación llegue a su fin. No hacerlo significa ocasionar una situación en la que finalmente se tenga que rechazar al preclear, con los problemas que eso conlleva para el auditor al final de la terapia.

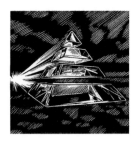

Capítulo Diez

AUDITACIÓN

Auditación

L a técnica de *auditación* consiste en apoyar a la mente analítica del preclear con la mente analítica del auditor. El auditor actúa entonces durante cada periodo sucesivo de auditación, y únicamente durante los periodos de auditación, como una mente analítica adicional del preclear.

La mente reactiva se recibió durante la dispersión o inactividad de la mente analítica. La mente reactiva se elimina mediante *retornar* al preclear al engrama y desplegando su contenido ante el escrutinio de la mente analítica.

La técnica de auditación se hace en lo que se llama un *reverie* de Dianética. El preclear se sienta en una cómoda silla con brazos, o se recuesta en un sofá en una habitación silenciosa donde las distracciones percépticas sean mínimas. El auditor le dice que mire al techo. El auditor dice: "Cuando cuente de uno a siete tus ojos se cerrarán". El auditor cuenta entonces de uno a siete y sigue contando en voz baja y plácidamente hasta que el preclear cierre los ojos.

Esta es la rutina completa. Considérala más que nada una señal de que los procedimientos van a dar comienzo y como un medio de concentrar al preclear en sus propios asuntos y en el auditor. *Esto no es hipnotismo.* Es sumamente distinto. El preclear sabe todo lo que está ocurriendo a su alrededor. No está "dormido" y puede salirse de ello en cualquier momento que quiera.

El auditor se asegura muy bien de que el preclear no esté hipnotizado, diciéndole, antes de que empiece a contar, "Sabrás todo lo que ocurra. Serás capaz de recordar cualquier cosa que pase. Puedes ejercer tu propio control. Si no te gusta lo que está pasando, puedes salirte de ello instantáneamente. Ahora, uno, dos, tres, cuatro", etc.

En reverie, las siguientes palabras del auditor deben dedicarse a la instalación de un *cancelador.* Este debería frasearse de tal manera que proporcione una palabra clave que, cuando se diga al final de la terapia, cancele cualquier mínimo comentario o sugestión que el auditor haya hecho mientras el preclear estaba en reverie. Esto es una garantía de que no se dejarán residuos de sugestiones positivas en la mente del preclear por deslices inadvertidos o accidentales asociados con la auditación. Tal cancelador también debería cancelar el reverie, estando fraseado con suficiente generalidad para abarcar todo y cualquier cosa que el auditor pudiera decirle al preclear durante todo el periodo de terapia.

En ningún momento debería permitir el auditor que el preclear tenga la falsa idea de que se le está tratando con hipnosis. Se menciona esto porque el hipnotismo está muy de moda, y los principios de Dianética no tienen nada que ver con el hipnotismo. Ambos se basan en leyes naturales y simples, pero entre ellos existe una brecha enorme. Uno es la herramienta del charlatán y la otra es la ciencia de la mente humana.

El *retorno* se emplea en la terapia de Dianética. El retorno es el método de mantener el cuerpo y la consciencia del preclear en tiempo presente, mientras se le dice que regrese a un incidente determinado. Las fechas no se mencionan. Lo grande que es él no se menciona. Se usan diversos medios para reestimular su memoria. Se puede emplear cualquiera de los percépticos para retornarlo a algún periodo de su pasado. Sencillamente se le dice: "Regresa al momento en que _____". Se le retorna y se le hace que relate lo que pueda del incidente. Se le dice que él está "justo ahí", y que "puede recordar esto". Aparte de esto, poco más dice el auditor, salvo las insinuaciones necesarias para retornar al preclear al momento adecuado. Completamente despierto, él puede retornar a momentos del pasado.

En ningún momento se le permite al preclear experimentar una revivificación en ese periodo, ya que los datos se drenan, como una sobrecarga, desde su línea temporal a tiempo presente. Se le dice que "puede recordar esto", pero nunca se le dice que "puede recordar esto en tiempo presente", ya que eso ocasionará que los somáticos regresen a tiempo presente. La mayor parte de los datos se localizan observando algún dolor somático o alguna aberración somática del individuo, y tratando de descubrir en dónde se recibió.

"*El retorno es el método de mantener el cuerpo y la consciencia del preclear en tiempo presente, mientras se le dice que regrese a un incidente determinado*".

Los somáticos se emplean principalmente porque los *controles motores* poseen una línea temporal menos trastornada que la *tira sensorial*. Debe recordarse que no hay aberración alguna sin un somático que la acompañe. Los somáticos por sí solos, siendo afecciones físicas de uno u otro tipo, mantienen el contenido aberrado de la mente reactiva en su lugar. Los controles motores se pueden retornar a un periodo, aunque la mente analítica o consciente crea que está enteramente en tiempo presente. Al dirigirse a los músculos o a los controles motores o a diversos achaques y dolores del cuerpo, el auditor puede desplazarlos a voluntad hacia delante y hacia atrás por la línea temporal. Esta línea temporal no está conectada a la mente analítica ni al habla, pero al parecer es una línea temporal paralela de una fiabilidad mayor que la línea sensorial. La precisión de los datos contenidos en la línea temporal de control motor es enorme. Puede hacerse que los músculos se pongan tensos o se relajen. Puede hacerse que vengan y se vayan toses, dolores y achaques, simplemente pronunciando las palabras correctas para el engrama, o las palabras incorrectas.

La tarea principal del auditor es hacer que las líneas temporales de la tira motora y de la tira sensorial se pongan en paralelo. Que la línea temporal se encuentre en las tiras no se ha demostrado; pero a efectos de esta explicación se puede considerar que así es. Que existen es sumamente obvio. A la línea temporal de la tira motora se le pueden hacer preguntas hasta el más mínimo instante de tiempo y el área de un engrama a veces se puede localizar así. Su carácter también se puede determinar.

El detector de mentiras, el encefalógrafo y muchos otros medios son útiles para determinar tanto el carácter como el alcance de los engramas, puesto que dentro de estos se pueden introducir los reestimuladores del preclear. Se puede elaborar una lista codificada de reestimuladores, la cual se encontrará que es común a la mayoría de los preclears. Debería incluir todo tipo de enfermedades, accidentes, las trilladas frases habituales en la sociedad y los nombres de diversas personas que por lo general rodean a un niño durante su infancia. Dicha lista codificada de reestimuladores sería extremadamente valiosa en la terapia y todo auditor puede elaborar la suya. Se redactan mejor después de auditar al preclear individual y de preguntarle sobre su vida para poder determinar las diversas irracionalidades de su pensamiento.

Como los engramas son de pensamiento-identificativo, se encontrará que las observaciones del preclear sobre sus engramas estarán incluidas en el contenido de esos engramas. Cuando se le pide al preclear que imagine una mala situación en determinadas edades y bajo condiciones hipotéticas, con mucha frecuencia entregará un engrama completo. El auditor debe darse cuenta de que toda observación que un preclear hace mientras se le está haciendo examinar su mente reactiva, probablemente es alguna parte del contenido de esa mente reactiva. Esa mente es literal. Las palabras que el preclear emplea al referirse a ella deben evaluarse literalmente.

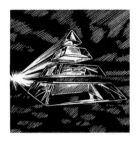

Capítulo Once

DIAGNOSIS

Diagnosis

E s un principio útil y positivo que todo aquello que se enfrente a la mente analítica del preclear o pugne con ella también se enfrentará a la mente analítica del auditor y pugnará con ella. Cuando el auditor está actuando como mente analítica adicional del preclear, cualquier emoción o antagonismo dirigido hacia él es la emoción o antagonismo que dirige la mente reactiva del preclear hacia su propia mente analítica. Si un preclear no puede oír lo que la gente está diciendo en sus engramas, es porque tiene otro engrama sobre "No poder oír". Si no puede sentir nada en su engrama, es porque tiene un engrama sobre "No poder sentir". Si no puede ver, tiene un engrama sobre "No ser capaz de ver", y así sucesivamente. Si no puede retornar, tiene un engrama sobre volver o retornar a la infancia o alguna cosa así. Si está dubitativo y escéptico sobre lo que está sucediendo o lo que le ha sucedido, se debe a que tiene un engrama sobre ser dubitativo y escéptico. Si es antagonista, su mente reactiva contiene gran cantidad de antagonismo. Si es tímido o está avergonzado, es porque su mente reactiva contiene timidez o vergüenza. Si insiste en mantener el control él mismo, negándose a hacer lo que el auditor le dice que haga, se debe a que tiene un engrama sobre autocontrol. Y así sucesivamente. Eso es pensamiento-identificativo. Todo esto se usa en la *diagnosis*.

La auditación es el mejor método para enterarse de los problemas del preclear. Tratar de hacer que el preclear retorne (oiga, vea, sienta, hacer que vaya hacia atrás y hacia adelante), y tomar debida nota de lo que dice respecto a todo ese proceder, formará una diagnosis bastante completa de alguien que no esté demente. Preguntarle al preclear qué anda mal con él provocará respuestas que salen directamente de sus principales engramas. Escuchar una justificación interminable de sus acciones constituye un retraso y una pérdida de tiempo, pero escuchar lo que tenga que decir sobre lo que piensa que le ha pasado o sobre lo que teme, tiene un claro valor.

Las personas dementes constituyen y plantean un problema ligeramente distinto, pero en esencia el mismo.

Es una observación demostrada clínicamente que la mente reactiva es relativamente poco profunda. Por debajo de ella, se encuentra la personalidad básica del individuo, sin importar lo "demente" que pueda estar. Por lo tanto, de un modo u otro, se puede alcanzar un ser racional dentro del preclear: un ser que no está aberrado. Aquí se puede determinar qué es lo que quiere en realidad el preclear, qué esperanzas alberga, qué es lo que siente de verdad. Se ha observado que sin importar su estado delirante, y siempre y cuando su estructura cerebral sea normal y completa, la personalidad básica es totalmente sensata y cuerda y cooperará. Después de la auditación, el preclear se convertirá en esta personalidad fuerte, competente y capaz.

Cuando la mente reactiva es incapaz de desplegarse en su plenitud aberrada en el entorno del preclear, "romperá" al preclear, o hará que su tono baje. Por lo tanto, es definitivamente interesante descubrir qué sucedió justo antes de que el preclear se "rompiera" o qué le está causando desdicha en el presente. Algo está dispersando sus dinámicas. Es probable que tenga un reestimulador crónico en su proximidad. Esposas, maridos, madres, padres, superiores, etc., pueden ser la fuente de dicha "ruptura", dado que reactivan el propósito de la mente reactiva (la cual finge desear por encima de todo lo mejor para el preclear) en contra del preclear. Así pues, estas fuentes ocasionan que el preclear vuelva a descender al tono de la mente reactiva (apatía o un Tono 2 bajo).

El problema de la *persona fija* y el problema del *engrama de compasión* son ambos visibles en el individuo aberrado. El pensamiento-identificativo de la mente reactiva ha tomado alguna parte de la persona de algún individuo del entorno presente del preclear, y la ha relacionado con alguna parte de la persona de un individuo del pasado engrámico del preclear. El descubrimiento de esta identidad es uno de los principales problemas en la terapia. El engrama de compasión es de una naturaleza muy específica, al ser el esfuerzo del padre o tutor por ser bondadoso con un niño que se ha lastimado de gravedad. Si ese padre o tutor le ha demostrado al niño antagonismo antes del momento de la lesión, el adulto (preclear) es propenso a reactivar la lesión en presencia de la personalidad de identidad con la que está relacionado ahora. Esto ocasiona que en el presente se manifiesten muchas afecciones somáticas. Sólo las palabras exactas de un engrama de compasión aliviarán a la personalidad aberrada.

No existen muchos tipos de personalidad. El ser humano aprende por medio de la mímica. Si descubre que su propio "yo" es demasiado doloroso, puede volverse un "yo" diferente, y con mucha frecuencia lo hace. Un Tono 4 puede volverse diferentes personas a voluntad sin que esto lo aberre, y así puede disfrutar de libros y obras teatrales "siendo" la persona representada. Pero un individuo aberrado puede volverse parte del reparto engrámico de su mente reactiva y resolver así, de una manera aberrada, todos sus problemas. La gente aberrada no es ella misma, pues no poseen su propio determinismo.

Como se ha indicado, aquellas emociones, dudas, preocupaciones y problemas a los que se enfrenta el auditor cuando intenta trabajar con el preclear mientras está retornado, conducirán al auditor al contenido básico de la mente reactiva.

Hay ciertas manifestaciones concretas que se pueden sospechar y ciertas rutinas que todo caso sigue. Todo ser humano ha sido llevado en el seno materno y todo ser humano ha nacido. El descubrimiento del *engrama básico* es extremadamente necesario para empezar la auditación. Encontrar el engrama básico es como atacar al enemigo por el flanco. No existe nada ante él. Por lo tanto, el extremo más lejano a la vida adulta del individuo es el extremo más vulnerable al ataque del auditor.

En el engrama básico, el paciente puede ver, sentir, oír y expresar emociones libremente. Cuando se le retorna a incidentes más recientes, es posible encontrar que no puede hacer estas cosas, sin importar cuánto trabaje el auditor para ponerlo en situación de hacerlo. Al seguir la cadena de engramas hacia arriba por su secuencia cronológica, esta capacidad se recuperará. Por lo tanto, es necesario, en primer lugar y ante todo, localizar el engrama básico. En unos pocos casos, este puede encontrarse en algún momento posterior al nacimiento. En la mayoría de los casos, se verá que se encuentra en el nacimiento o antes. No entraremos aquí en discusiones acerca de la capacidad que tiene la mente humana para recordar periodos tan remotos. Sin embargo, puede afirmarse que cuando sí existen datos engrámicos, la línea temporal se abre por el dolor y antagonismo en estos puntos extremos y se puede contactar y drenar. La mente analítica no está presente en esos momentos. Por añadidura a esto, los engramas no están ni siquiera sobre la línea temporal abierta. No será sino con la mayor de las dificultades que el auditor encontrará el engrama básico. No llegará con facilidad a él, ya que es, por lo general, bastante doloroso, y el mecanismo de escaneo tiene como propósito (o uno de sus propósitos) evitar el dolor. Al igual que el mecanismo de escaneo de un tubo de rayos catódicos, los escáneres de la mente analítica hacen un barrido sobre los datos que se encuentran en la cadena de engramas, saltándoselos y sin tocarlos. Mediante diversos medios, el auditor debe, pues, obligar a que los escáneres del preclear se pongan en contacto con esos datos obligándolos a retornar a la línea temporal, donde se pueden drenar adecuadamente.

La mejor manera de abordar un caso es mediante los engramas prenatales ligeros. Cuando el único prenatal es sumamente severo o un intento de aborto (que, por cierto, son muy comunes), el auditor debe usar una gran cantidad de astucia. Se puede decir que el engrama básico y el principio de la cadena de engramas en sí es temprano (antes, cerca o durante el nacimiento), es doloroso y no será fácil ponerse en contacto con él. En los pocos preclears que tienen más de una veintena de engramas graves, la tarea es llevadera una vez que se comienza, pero requiere de muchísima imaginación y persuasión.

Siempre se debe sospechar de un prenatal, salvo que el nacimiento, al disiparse, se eleve con facilidad a Tono 4. Si ninguno de los engramas se eleva a Tono 4, el auditor debe suponer que aún no ha descubierto el básico. Existen tres clases de engramas: el *precursor,* el *engrama* y el *sucesor.* Por "engrama" se entiende aquí la experiencia que encontró el auditor y en la que está trabajando. Si tras unos cuantos relatos el engrama no parece disiparse, se debe sospechar que existe un precursor y retornar a él. De esta forma, se puede descubrir un básico anterior.

Pero es una tarea infructuosa y una pérdida de energía intentar trabajar con algo que no sea un básico. Los golpes en la matriz, los intentos de aborto y el nacimiento son los básicos normales. Estos deben drenarse en su máxima extensión antes de que se ojeen siquiera otros engramas. La ventaja de esto es que todo el mundo tiene un nacimiento. Se puede buscar el nacimiento. Si no se encuentra rápido y si no se desarrolla con el examen, entonces se debe sospechar que hay una experiencia anterior y localizarla si es posible. De esta manera, se pueden descubrir los prenatales. Los engramas prenatales son, sin duda alguna, los más importantes.

Cuando un niño tiene un miedo anormal a la oscuridad, es probable que tenga una experiencia prenatal. Esta experiencia prenatal incluirá todos los datos de sonido y datos sensoriales del incidente. Es eidética e idéntica. El preclear tendrá somáticos. Estos, durante los primeros pocos relatos, serán por lo general leves y después cada vez más intensos a medida que se localicen más datos. Al final, los datos estarán más o menos completos y el engrama empezará a disiparse, elevándose a través de los diversos tonos. Todos los engramas prenatales son experiencias de apatía y son por lo tanto graves.

Los golpecitos e incomodidades en el seno materno no tienen importancia. Un verdadero engrama consistirá en cosas como una aguja de tejer clavada en el feto, la mitad de la cabeza del feto gravemente dañada, golpes de diversos tipos que provocan la inconsciencia del feto, etc. El retorno encontrará un punto de entrada a cualquier periodo en el que haya habido dolor.

El auditor debe pasar por alto los escepticismos y antagonismos del preclear en lo que respecta a un intento de aborto o tomarlos en cuenta como señales de que existe un engrama. Se recuerda el caso en donde una joven insistía en que si alguna vez se hubiera intentado abortarla, ese aborto debería haber tenido éxito. Durante varias sesiones, mientras se hacía un intento de disipar el nacimiento, ella continuaba con esta aseveración, hasta que el auditor se dio cuenta de que probablemente este había sido el comentario hecho por el abortador (o por la madre) cuando sus esfuerzos fracasaron. Tan pronto como se le insinuó esto a la joven, ella pudo finalmente alcanzar el incidente con sus somáticos sin ninguna otra sugerencia del auditor. Después de ser un caso de apatía crónica y de haber estado algunos años bajo tratamiento en un manicomio, ella de pronto respondió al tratamiento, llevó el aborto a Tono 4, borró el nacimiento llevándolo a Tono 4, y se recuperó mental y físicamente hasta llegar a ser un elemento valioso para la sociedad muy por encima de lo normal.

El auditor debería continuar sospechando que existen prenatales mientras no pueda lograr que los engramas posteriores lleguen con facilidad a Tono 4. Una vez que se ha disipado la cadena de engramas en su extremo más cercano a la concepción, el preclear debería empezar a eliminar de forma relativamente automática, casi sin ayuda del auditor. La eliminación, en su grado óptimo, debería ser en términos de risa. Esa risa es la inversión de las cargas, que perduran en los candados y engramas candado, cuyo contenido de miedo o antagonismo dependía de los engramas básicos.

Después de los 10 años se encontrarán pocos datos engrámicos de importancia alguna, aunque una operación grave o un accidente podría proporcionar uno. La mayor parte de los datos engrámicos se encontrará antes de los dos años. Los datos más importantes están normalmente en el periodo de la infancia, el nacimiento o el periodo prenatal, conteniendo estos últimos la preponderancia de los datos importantes.

Cuando el auditor ha tenido ya alguna experiencia, los intentos de aborto son fáciles de reconocer. El padre o la madre que haya intentado el aborto será, probablemente, después del nacimiento de la criatura, una fuente de ansiedad para el individuo, quien parecerá necesitar muchísimo afecto y atención por parte de ese padre o madre. Se verá que el individuo quiere más al padre, madre (u otra persona) que no ayudó o que de hecho trató de evitar el intento de aborto. En estos días los intentos de aborto son extremadamente comunes.

Una vez que se disipa un intento de aborto, el auditor debería poder llevar con facilidad la cadena de engramas a la línea temporal y drenarla.

En esencia, la auditación es muy simple, pero exige una comprensión precisa de los principios en juego, e imaginación y compasión por parte del auditor. Él debe aprender a computar de forma engrámica o aprender a pensar con su mente analítica (sólo por el propósito de entregar terapia a otros) de forma engrámica. Su mayor problema es descubrir el verdadero básico. Este puede esquivarlo durante un periodo considerable.

"*La mayor parte de los datos engrámicos se encontrará antes de los dos años. Los datos más importantes están normalmente en el periodo de la infancia, el nacimiento o el periodo prenatal, conteniendo estos últimos la preponderancia de los datos importantes*".

Hay otro trabajo preparatorio que hacer en un caso además del descubrimiento del básico. En ocasiones, es necesario rehabilitar toda una línea temporal en casos en los que "No recordar" y "No poder recordar" han oscurecido la línea. Pueden encontrarse unos pocos candados posteriores y drenarse de la misma manera en que se drenan los engramas, y se puede restaurar la línea temporal. La histeria o el miedo del individuo pueden mitigarse momentáneamente de una u otra forma, y se puede abordar el problema de llegar al básico. Hay tantos tipos de casos como casos hay, pero estos son los fundamentos primarios.

Un auditor debe reflexionar sobre el camino a seguir en cada caso, tomando como datos las aseveraciones reiteradas constantemente por el preclear durante la auditación, y acumulando experiencia sobre la forma en que los incidentes pueden ser arrojados fuera de la línea temporal, ocultándolos a la vista de la mente analítica, formándose así una mente reactiva para detrimento del organismo.

Capítulo Doce

Drenaje de Engramas

Drenaje de Engramas

L a técnica de *drenar un engrama* no es complicada, pero es necesario atenerse a ella. Un engrama es un momento inconsciente que contiene dolor físico y antagonismo real o imaginado hacia el organismo. Por lo tanto, dicho engrama, antes de que se le descubra, mostrará antagonismo hacia el auditor que trata de descubrirlo. Al descubrirse por primera vez, puede encontrarse que le faltan sus datos esenciales. Hay muchas técnicas con las que se pueden poner de manifiesto estos datos. En un engrama prenatal, la mente analítica debe, al parecer, volver a desarrollar la situación. Por lo tanto, es necesario retornar al incidente muchas veces. Al preclear se le retorna al incidente y se le dice que la próxima vez que retorne a este sitio lo recordará todo sobre el incidente. Entonces se le trae a tiempo presente y se le dirige a algún otro asunto. Inmediatamente después, se le retorna al supuesto básico. Se encontrará que contiene un poco más de información. Esta se relata entonces. Si tras dos o tres relatos repetidos de los datos, todavía se encuentra que está en un tono bajo, al preclear se le dice, cuando esté retornado, que recordará todo esto la próxima vez que se le lleve de vuelta a este punto. Mediante avanzarlo hasta un periodo feliz y encontrando que él está entonces feliz, los datos quedan sellados. Más adelante entre uno y tres días, se encontrará que los datos básicos se habrán manifestado en una considerable medida. Entonces se drenan de nuevo y se toma nota de su comportamiento. Si no se elevan fácilmente, muchas cosas pueden estar presentes.

Lo primero que el auditor debería sospechar es la existencia de un precursor. De hecho, es posible que un sucesor contenga información esencial que no permite que la información salga a la luz. En el curso de la auditación, cuando el auditor reestimula un engrama, pero este no se eleva por encima de apatía y no parece contener todos los datos necesarios, el auditor debe buscar un precursor, y es casi inevitable que se encuentre que existe. Entonces, este precursor se manifiesta como el engrama básico. Si sigue la misma pauta de no disiparse o completarse, debe descubrirse otro precursor de él. Si por último el auditor está completamente seguro de que no hay ningún engrama delante del que está eliminando, se puede encontrar y drenar algún posible mecanismo de cierre posterior, momento en que puede manifestarse el básico. La aplicación continua de energía al básico lo pondrá al final a plena vista, y relatarlo repetidamente hará que se manifieste de forma gradual, subirá su tono y lo elevará a Tono 4.

El principio de *relatar* es muy simple. Al preclear simplemente se le dice que regrese al principio del incidente y que lo vuelva a contar otra vez por completo. Hace esto muchas veces. Al hacerlo, el engrama debería elevarse en tono a cada relato. Puede perder algunos de sus datos y ganar otros. Si el preclear lo está relatando con las mismas palabras una y otra vez, sin duda está repitiendo un registro de memoria de lo que te dijo antes. Entonces, se le debe enviar de inmediato de vuelta al engrama real y se deben reestimular los somáticos de este. Se observará entonces que varía un poco su historia. Se le debe retornar continuamente a la consciencia de los somáticos, hasta que se manifiesten por completo, empiecen a aligerarse y luego hayan desaparecido. El Tono 4 aparecerá poco después. Si el preclear se aburre con el incidente y se niega a continuar con él, o hay un precursor o el engrama contiene otros datos que todavía no se han localizado.

El auditor descubrirá que en ocasiones, cuando se ha elevado un engrama a Tono 3 (o incluso se ha borrado), sin llegar a la risa, se *hundirá*. Esto es una señal segura de que hay un precursor. Es imposible que ocurra un hundimiento desde el Tono 4, si en verdad se alcanzó el Tono 4. No se alcanzará el Tono 4 si existen precursores. El engrama puede desvanecerse y ser borrado, pero al final no habrá alegría o risa en ello si tiene un precursor.

Una vez que se alcance el engrama básico y se lleve a Tono 4, desaparecerá. Se localizará el siguiente engrama de la cadena y se llevará a Tono 4 con bastante facilidad. Si accidentalmente se pasa por alto alguno, se notará que el tercero en la serie se mantendrá o se hundirá. Entonces se debe localizar el engrama intermedio y llevarse a Tono 4. De esta manera, la cadena de engramas subirá gradualmente a un Tono 4 completo. En este momento, los candados, los incidentes de dolor meramente mental en la vida de la persona se empezarán a eliminar automáticamente. Estos se eliminarán sin que el auditor les preste ninguna atención. Mientras estos se van eliminando, el auditor se debe ocupar de los engramas candado. Estos serían engramas por derecho propio si no hubieran tenido precursores. Por lo tanto, no se alivian después de que se elimina el básico, sino que se deben localizar por sí mismos. Estos a su vez empezarán a liberar una serie de candados, que tampoco necesitarán atención alguna. En la mente reactiva pueden existir cadenas de engramas perfectamente bien diferenciadas que no están conectadas de ninguna manera con el engrama básico original.

Mientras el preclear contenga alguna parte de su mente reactiva, estará interesado en sí mismo (en la condición de su mente), e introvertido. Por lo tanto, mientras esté interesado en su propia mente reactiva, tiene engramas. Una garantía de un Tono 4 es el interés del preclear en acción positiva a lo largo de sus dinámicas, y su dedicación al mundo que le rodea. La introversión no es natural ni es necesaria para la creación de nada. Es una manifestación de la mente analítica tratando de resolver problemas basándose en datos incorrectos, y observando al organismo ocupado en actividades que no conducen hacia la supervivencia en las cuatro dinámicas. Cuando se ha logrado un Clear, la personalidad básica del individuo se habrá reivindicado a sí misma y su auto-determinismo. Ningún somático crónico permanecerá en el presente (salvo los que se deban a alguna verdadera enfermedad, lesión o malformación del cerebro).

Aunque es más propio de la Dianética Infantil, al auditor le servirá saber que se puede considerar que un niño ha formado su propósito básico general en la vida en algún momento alrededor de los dos años de edad. Este propósito es bastante fiable, ya que a esa edad sus engramas probablemente no han obtenido mucha fuerza sobre él, dado que sus responsabilidades son livianas. Él habrá tratado de mantener su propósito principal durante la vida, pero este sin duda se habrá visto distorsionado tanto por la experiencia contenida en su mente reactiva como por su entorno. El descubrimiento de este propósito se obtiene mediante la revivificación de Dianética y preguntándole al niño de dos años de edad. El momento en el que el propósito se forma varía, y puede que nunca se haya manifestado en realidad, como en el caso de los retrasos mentales. Como el preclear por lo general está interesado en este propósito y su rehabilitación, con frecuencia pondrá un interés más intenso en la terapia si se hace algún intento por descubrir el propósito. Este propósito es bastante válido y se puede esperar que el preclear rehabilite su vida conforme a sus dictados, a menos que esté demasiado oprimido por su entorno (aunque cabe mencionar que un Clear por lo general ordenará o cambiará su entorno hasta que él se haya rehabilitado).

Las terapias vocacionales tienen su origen en el principio básico de la rehabilitación del propósito general del individuo o el establecimiento de un propósito falso con el fin de mitigar la actividad de su mente reactiva. Esto tiene poca relación con la Dianética Irregular, y pertenece más bien a la Dianética Médica, pero un auditor puede, durante el periodo de terapia, interesar a su preclear en la línea de propósito de llegar a Clear. Esto no es necesario, y de hecho es con frecuencia automático, ya que la personalidad básica contempla al fin una oportunidad de manifestarse. Sin embargo, en algunas ocasiones esto ayudará al auditor.

El auditor debería estar preparado para resolver muchos problemas individuales, ya que además de estos básicos hay tantos problemas como casos existen. Por ejemplo, en el caso de un preclear que tiene varios prenatales, se encontrará que la formación del cuerpo en el seno materno ha causado una superposición o confusión de la línea temporal de tal manera que se debe disipar parcialmente un prenatal posterior antes de que se pueda drenar uno anterior. Con frecuencia esto es cierto de un periodo posterior de la vida. En cierto caso, toda una serie de prenatales estaba retenida por una operación dental con óxido nitroso a los veinticinco años de edad. Hasta que se eliminó una porción de la operación dental, la mayoría de los prenatales no estaban accesibles. En pocas palabras, los circuitos de la mente se pueden llegar a enredar hasta un punto en que incluso la línea temporal del control motor se confunda.

La dispersión de un propósito por un engrama a lo largo de una dinámica o línea de propósito es una situación común y, de hecho, es el concepto básico. Del mismo modo en que se comportaría un chorro de electrones al toparse con un objeto sólido en su camino, así se dispersa una dinámica o un propósito. Estas muchas trayectorias débiles y variadas que resultan del choque con el engrama son sintomáticas. En la Dinámica Dos, la dinámica sexual, la promiscuidad indica sin duda alguna e invariablemente un engrama sexual de gran magnitud. Una vez que ese engrama se elimina, se puede esperar que cese la promiscuidad.

Estas dispersiones establecen ansiedad en la mente del preclear, y él dramatiza debido a la dispersión. Esta es una de las manifestaciones de su dolencia. Ningún pervertido se volvió un pervertido sin que lo haya educado o haya abusado de él un pervertido. Y ese abuso debió de ser muy concienzudo.

El contagio de engramas es una manifestación interesante que el auditor debería y debe observar. Se puede decir que la demencia viene de familia, no porque esto sea una verdad eugenésica, sino porque una fraseología estándar durante emergencias o momentos de tensión, crea ciertos tipos de engramas, que a su vez crean determinados tipos de demencia. En definitiva, las demencias son tan contagiosas que cuando unos padres aberrados educan a un niño, el niño mismo se vuelve aberrado. Como se delinearía en la Dianética Infantil y Pediátrica, la mejor manera de garantizar la cordura de un niño es proporcionarle padres Clear. Esto tiene un claro interés para el auditor, quien descubrirá en los casos que tuvieron un nacimiento y prenatales severos, que la madre recibió los engramas exactamente igual que los recibió su hijo. De ahí en adelante, el hijo será un reestimulador para la madre, y la madre un reestimulador para el hijo de los incidentes severos. La madre, al haber recibido el fraseo exacto del engrama, tiene también el engrama. La reestimulación que le causa el hijo hará que utilice el lenguaje engrámico contra él. Esto lleva al bebé, al niño y al adolescente a la infeliz situación de sufrir continuamente la reestimulación de su engrama del nacimiento o su engrama prenatal. Esto origina situaciones deplorables y gran desdicha en el hogar, y constituye una de las fuentes principales de las dificultades familiares.

Aunque los desprecie, un niño dramatizará las acciones de sus padres cuando se case y cuando él mismo tenga hijos. Además de esto, el otro cónyuge de ese matrimonio también tiene sus propios engramas. Sus engramas se combinan para formar engramas dobles en los hijos. Esto tiene como resultado un contagio y una progresión de la aberración. Así, cualquier sociedad que no tenga un propósito elevado, se verá en declive y aumentará cada vez más su número de dementes. Puesto que el contagio de las aberraciones está en acción de forma progresiva, los niños se vuelven progresivamente aberrados hasta que al final la sociedad misma está aberrada.

Aunque el destino de la sociedad pertenece sin duda a la Dianética Social y Política, al auditor le interesa el hecho de que puede tomar el contenido prenatal y natal de los engramas de su preclear y recorrerlos para descubrir candados postnatales y engramas candado. Por lo general, la madre habrá utilizado casi los mismos datos siempre que los problemas de su hijo incidieron en la mente reactiva de ella. Esto, por supuesto, explica los candados.

El auditor también descubrirá que cuando audita a un preclear casado que está aberrado, debería tener dos preclears, es decir, el cónyuge. Es inútil devolver a un Clear con su cónyuge aberrado y esperar que de ello resulte tranquilidad doméstica. Aunque al Clear no se le pueden pegar ni se le pegarán sus antiguos engramas de la esposa a quien él se los implantó, encontrará, no obstante, que su vida está aberrada por la mera existencia de una esposa a la que él mismo puede que haya aberrado.

Además, los hijos de estas personas también necesitarán clearing, ya que (si las aberraciones de los padres fueron de cierta magnitud) se encontrará que son enfermizos, están aberrados o son deficientes de alguna forma. Por lo tanto, cuando un auditor se hace cargo de un caso, debe estar preparado para asumir la familia del preclear, si una investigación sobre ese preclear indica que eso parece ser necesario.

Las aberraciones son contagiosas, y cuando una persona ha estado aberrada, ese entorno también, hasta cierto grado, se habrá vuelto aberrado. El preclear, cuando menos, se puede ver un tanto victimizado y aberrado por su mente reactiva que ahora existe en quienes le rodean.

"Puesto que el contagio de las aberraciones está en acción de forma progresiva, los niños se vuelven progresivamente aberrados hasta que al final la sociedad misma está aberrada".

El auditor no debería permitir que términos como "psiconeurótico", "loco" o "mentalmente fatigado" existan durante mucho tiempo en la mente del preclear. Estos términos son depresivos y en realidad son aberraciones de la sociedad. Es cierto y demostrable que el preclear está en camino de ser, no una persona demente o neurótica, sino un individuo que va a tener más estabilidad, autodominio y capacidad, posiblemente, que los que le rodean. Para ser francos: este no es el proceso de revivir cadáveres y darles una mínima apariencia de vida. Es un proceso cuya mayor utilidad es tomar a la gente "normal" y "media" y darle su derecho innato a la felicidad y a las realizaciones creativas en el mundo del Hombre.

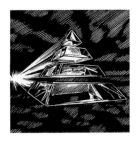

Capítulo Trece

EL ANALIZADOR

El Analizador

Una comprensión adecuada de los principios operativos aproximados de la *mente analítica* es tan necesaria para el auditor como una comprensión del carácter y el contenido de la mente reactiva.

Se puede decir, si bien sólo como ilustración, que la mente analítica es claramente distinta del resto de la mente y el cuerpo. Se puede considerar que es la ubicación del estrato más alto del individuo en su consciencia del "ahora". En el ser humano, es la ubicación del alto control de mando. En el estado óptimo del individuo, posee el auto-determinismo completo del organismo. Cuando se reduce su energía potencial y sus circuitos se atiborran de datos de naturaleza trivial (los cuales ella ve necesarios para mantener un control continuo, si bien limitado, del organismo), este determinismo es usurpado por mecanismos de estratos más bajos, como la mente reactiva.

La teoría del "determinismo por el estímulo y la experiencia" es verdadera en los mecanismos de mando de los órdenes más bajos, como se da en los animales. Esto es claramente *falso* en cuanto a la mente analítica. Aquí se puede decir que reside el auto-determinismo de un individuo, que es altamente selectivo y automotivado. No sólo tiene el poder de elección en cuanto a acción, también posee la capacidad de crear estímulos. Se le puede considerar, a efectos de analogía, la sede de las cuatro dinámicas. Dañada o atascada con información no pertinente, elige obstaculizar varias de estas dinámicas. Tiene imaginación, puede soñar, puede crear y es capaz de originar en cualquier plano y, adicionalmente, es capaz de crear vida y materia. Aunque esta no lo haya hecho a la fecha de este escrito, su capacidad para hacerlo se hace evidente en el enorme progreso en esa dirección.

Funciona sobre el principio de que puede resolver cualquier problema que pueda formular. Pero la apreciación de la mente analítica no depende de las capacidades que se le han observado en las creaciones de una sociedad. Es seguramente la calculadora más excepcional y más poderosa jamás conocida. Ella misma puede plantear sus propios problemas y puede inventar problemas bien distantes de cualquier necesidad u observación. Es ilimitada. Es una entidad magnífica. Miles de millones de palabras compuestas telegráficamente no servirían ni para comenzar a enumerar sus logros y potencialidades. Se le concibe además, para brevedad en esta paridad, como la residencia básica y óptima del "yo".

Su actividad se puede delinear mediante los axiomas heurísticos del primer capítulo. La dinámica y las diversas dinámicas son su única incumbencia.

La mente analítica no contiene engramas. Contiene sólo candados. Ningún dolor perdura en la mente analítica más allá de un somático reestimulativo recibido de la misma manera en que sería recibido y mantenido por cualquier otro órgano del cuerpo. Los engramas no penetran en la mente analítica. Se observa en acción un proceso enteramente diferente.

Por varios conductos, la mente reactiva está al mando completo de los momentos de dolor. Es una mente de tipo inmediato, de un estrato más bajo, y puede considerarse que abarca toda la estructura celular del organismo, incluyendo los subcerebros reflejos. Funciona bajo determinismo exterior y reacciona sobre el esquema de A=A=A. Puede aparecer sólo cuando la mente analítica está desorganizada o dispersa a causa de medios externos enérgicos.

Puede considerarse que la mente analítica no obtiene datos directos de la mente reactiva. El contenido completo de la mente reactiva es absolutamente desconocido para la mente analítica por cualquier medio directo. Como la mente analítica no estaba funcionando durante su recepción, la mente analítica al recuperar el control del organismo no tiene conexión con la mente reactiva.

La única debilidad aparente de la mente analítica (el que pueda dejársele inconsciente o dispersa), es un mecanismo de supervivencia obviamente necesario para el organismo. Hay varias razones para esto. Está encargada del mando de las dinámicas. No puede consentir el error o daño del mecanismo, incapacidad que es inherente a su propósito primario. No puede permitir que el organismo yerre y, cuando se introduce un error, es el primer órgano del cuerpo que sucumbe a los impactos extremos. Entre otras razones, hay una puramente estructural: las ondas de impacto que fluyen por los canales nerviosos, en primer lugar desconectarán y trastornarán el área nerviosa más sensible del cuerpo. Las drogas también causarán su máximo efecto sobre el área nerviosa más sensible. La mente analítica es la primera afectada por los impactos y por las drogas. Al examinarse, se encontrará que contiene mecanismos de tipo fusible que la preservan del daño duradero. Aunque es fantásticamente robusta, fantásticamente capaz, no es estable fisiológicamente en presencia de impacto o drogas, siendo estas últimas, en el mejor caso, venenos.

La mente analítica tiene varios métodos de desempeñar sus deberes. Puede enseñarse a sí misma a pensar y computar procedimientos de computación nuevos y exageradamente complejos y luego usarlos para resolver problemas que se plantea a sí misma, así como también los problemas que se originan en el entorno pasado, presente o futuro. También puede crear estos entornos.

Como se ha mencionado en otra parte, sus problemas se pueden clasificar en dos grupos: obtener placer y solucionar el dolor a lo largo de cualquiera de las cuatro dinámicas.

No tiene nada que ver con la demencia del organismo. Es el primer y más interesante caso del carácter contagioso de las aberraciones. Puede controlar a voluntad todas y cada una de las partes del cuerpo, cualquier fluido o excreción del cuerpo, y a través de otras dinámicas, muchas otras formas de energía. Para hacer esto, debe solucionar sus amenazas y obtener placeres. Trabaja basándose en datos observados o imaginados. Los datos imaginados o ideados no son aberrados dentro de los límites de la mente analítica, sino que son datos aberrados sólo sobre la base de reacciones observadas. Observa que las personas o cosas que tiene a su cargo sufren dolor. Hay cinco maneras en las que puede desarrollar soluciones con respecto a ese dolor. El dolor es real, de acuerdo a las computaciones de la mente analítica, cuando se observa que el organismo o las personas o cosas a cargo del organismo a lo largo de las otras dinámicas están reaccionando como ante una amenaza y como si sufrieran dolor.

El analizador es bastante diestro en expulsar fuera de sí información errónea. Un dato erróneo se puede introducir en una mente analítica no patológica sólo mediante el hecho indirecto de que el dolor puede no ser auténtico dentro del organismo o de las personas o cosas a su cargo. Pero ante la continua insistencia de estos de que el dolor existe, se vuelve incumbencia de la mente analítica generar una solución a ese dolor.

Así, el contenido de la mente analítica no posee ningún engrama directo.

La mente analítica no siente el dolor ella misma a menos que el dolor ocurra en aquella área celular concreta en la cual ella existe e incida contra su propia estructura celular. Al "yo" se le dice mediante determinados circuitos que el organismo tiene dolor y observa el hecho a través de la percepción sensorial. De manera similar, la mente analítica observa que, por ejemplo, un compañero es herido. Ella empieza entonces a plantear y resolver problemas con respecto a esa herida. La herida podría ser inexistente. Podría ser que el compañero únicamente supusiera que tenía dolor, aún sintiendo ese dolor como real. Pese a esta disimulación, la mente analítica se esforzará en observar toda la información alrededor de ese dolor y resolver los problemas relacionados con este, aliviándolo y mejorando las posibilidades de supervivencia presentes y futuras del compañero. Puede que se desarrolle un nuevo proceso de pensamiento en un caso así y la memoria de la observación puede grabarse en los bancos de memoria. Esta memoria no contiene en sí misma ningún dolor real más allá de lo que se ha percibido de un modo analítico.

La mente reactiva causa que el organismo o las entidades de otras dinámicas simulen dolor. Con el propósito de imponer las órdenes engrámicas en un burdo e identificativo método de supervivencia, porciones del organismo u otras entidades pueden ser obligadas a sentir dolor real o se les puede limitar por la fuerza en cuanto al suministro de alimentos u otros fluidos o servicios indispensables. La orden inducida externamente reacciona contra el organismo u otras entidades exactamente con la pauta y con los percépticos que fueron recibidos. La mente analítica es informada en un circuito separado de que el organismo u otras entidades sufren dolor y de que ella debe resolver el problema. Observa todas las condiciones que rodean el incidente, o el sufrimiento, y con estos datos perfectamente válidos, desarrolla alguna solución.

Cuanta menos mente analítica esté presente durante tales momentos, más abajo estará la solución en su propio estrato y menos "racional" será la solución; lo que significa que se ha empleado menos poder computacional contra el problema. Pero la mente analítica entera es racional. Es inherentemente racional. No usa información errónea en sus computaciones siempre que sea posible evitar usarla. Y siempre que se haya descubierto que un dato es erróneo, la mente analítica se deshace del circuito completo de esa solución.

Cuando los engramas están presentes en la mente reactiva, llegan a activarse en momentos de baja potencialidad (fatiga, drogas o una condición de trance en la mente analítica), pero son observados siempre en algún grado por la mente analítica, excepto cuando ese órgano está completamente inconsciente. Aun cuando solamente una cantidad mínima del potencial de la mente analítica esté presente y la mente reactiva esté empujando al organismo u otras entidades a dramatizaciones aberradas, la mente analítica observa, a menudo con incredulidad, la acción que está teniendo lugar. Ve en esta acción un problema. Intenta encontrar soluciones. Y debido a que está construida para determinar soluciones sobre datos observados así como imaginados, pronto se encuentra a sí misma en un laberinto enorme de circuitos y complejidades los cuales son dispuestos y contradispuestos para resolver los problemas planteados por la dramatización. Esta conducta observada puede ser tan aberrada que la mente analítica acaba encontrando necesario alcanzar unas soluciones a menudo fantásticas. Estas pueden incluir todas y cada una de las demencias. Pero la mente analítica nunca está demente, aun cuando pueda ser anulada durante años por la mente reactiva y un percéptico que incluye la inconsciencia de la mente analítica.

El único percéptico común a todos los engramas es la dispersión o ausencia de la mente analítica. Estos fueron recibidos en una ocasión en que la mente analítica estaba inconsciente. Por lo tanto contienen un dato que declara que: "cuando tales y tales reestimuladores estén presentes, la mente analítica está inconsciente". Cuando la mente analítica está baja en potencialidad, o estando el ser bajo en su tono general, esta pierde algo de su control por la simple ecuación de las energías comparativas. Al ser reestimulados uno o más percépticos en un engrama, se reactiva un percéptico orgánico adicional de "la ausencia de la mente analítica" y sus circuitos se ponen en funcionamiento, lo cual incluye una reducción adicional de la mente analítica. De esta manera, la mente analítica pierde poder y mando sobre el organismo o las entidades que tiene a su cargo.

En una dramatización que incluya su supresión o ausencia, la mente analítica todavía existe, despierta y viva con su pleno poder pero con todos sus circuitos desacoplados en lo que respecta a su conexión con el cuerpo. La demencia es una dramatización simple o compuesta. Las neurosis, compulsiones y represiones son los esfuerzos de la mente analítica por alcanzar soluciones sobre datos observados con la mente reactiva ejerciendo parcialmente el mando del organismo. Esta no es, pues, una condición de integración, y se pueden presentar tantas personalidades como dramatizaciones actuales de engramas haya en la mente reactiva. Es un hecho prácticamente fabuloso que la mente analítica sea constructiva y uniformemente buena en su intención.

Para alcanzar la mente reactiva, es necesario ayudar a la mente analítica de tal modo que se pueda alcanzar a la personalidad reactiva. Desde luego, no hay más realidad en la personalidad reactiva que la realidad que hay en los engramas. Estas son cosas fantasmales, soldadas al cuerpo por alguna experiencia dolorosa del pasado. Esta experiencia incluye la dispersión parcial o completa del potencial de la mente analítica.

En un individuo demente, neurótico o aberrado es siempre posible sosegar la mente reactiva y alcanzar la dormitante y parcial o completamente desprendida y dispersa mente analítica. Esto presenta el extraordinario cuadro de encontrar, dentro del organismo más "vil", "criminal" o demente, una *personalidad básica* completamente cuerda, interesada y constructivamente buena. El "yo" nunca está ausente pero puede estar desconectado, todavía tratando de resolver los problemas del organismo o las entidades de las que está a cargo, pero incapaz de ejercer sus órdenes.

Toda la intención y técnica de Dianética es romper la supresión parcial o total de la mente analítica mediante el drenaje de los datos falsos contenidos en los engramas que componen la mente reactiva. Cuando esto se ha hecho, la mente analítica empieza a limpiarse ella misma,

"Toda la intención y técnica de Dianética es romper la supresión parcial o total de la mente analítica mediante el drenaje de los datos falsos contenidos en los engramas que componen la mente reactiva".

de algún modo parecido a como una computadora automática libera espacio para nuevos problemas.

Los candados están uniformemente contenidos en la mente analítica como datos observados. Son por lo tanto alcanzables en momentos de consciencia en un individuo que no esté demente. Cualquier terapia que aborde la eliminación de estos candados sin tener en cuenta el problema de hacer desvanecer la mente reactiva, es una terapia dirigida a un mecanismo computador y poderoso "yo" mucho más hábil para resolver problemas, si es Clear, que cualquier computadora mecánica que jamás se construirá. La psicología freudiana, por ejemplo, era un esfuerzo por limpiar los circuitos de la mente analítica.

Los candados están contenidos en la mente analítica como anotaciones de confusiones observadas en el comportamiento del organismo o las entidades que esa mente analítica tiene en su área de observación. Estos candados son "angustia mental". Cualquier cosa que aborde el ajuste de estos puede mitigar algunos de los temores de la mente analítica hacia el organismo. Pero cualquier esfuerzo así irá seguido de nuevas experiencias que se vuelven candados y deben ser eliminados. Que una terapia se pueda dirigir a la mente analítica como una terapia de razón es completamente factible y posible, ya que la mente analítica siempre recibirá información nueva y está muy dispuesta a recomputar su información antigua. Pero sus antiguas soluciones se han convertido en memoria de la "acción tomada" y se guardan adicionalmente dentro del banco de memoria de modo que hay dos archivos. Cualquier terapia dirigida a la mente analítica no altera el archivo de candados del banco de memoria, y estos están conectados con el archivo de engramas y conducirán a él. Pero este es un proceder extraordinariamente difícil e innecesario: limpiar la mente analítica de datos acumulados por observación. Producirá algo de alivio para la mente analítica e incluso algún alivio de los candados en el banco de memoria. Pero no podrá ni puede eliminar la mente reactiva a menos que los propios engramas se aborden de una manera ordenada y eficiente.

Cuando los engramas han sido drenados de la mente reactiva, todos los candados e incluso algunos engramas candado en los bancos de memoria (y desde luego, en la mente analítica) se desvanecen; puesto que estos dependían para su existencia de la carga proporcionada por el engrama, ya sea que fuera desviada hacia dentro del banco de memoria o existente como observación. La mente analítica sabe muy bien cómo funciona la mente, ya que ella no debe ejercer influencia sólo sobre una mente sino sobre el organismo entero y las entidades y las formas de energía incluidas en sus dinámicas. En el momento que observa que la mente reactiva ha sido drenada y que no está recibiendo más mensajes de dolor de cierta sección, que cuando se reestimularon en la auditación estuvieron ansiosamente telegrafiando peticiones de solución, automáticamente se deshace por sí sola de todos los datos y circuitos improcedentes y se deja a sí misma limpia para pensamiento nuevo y racional.

El drenaje de la mente reactiva al parecer deja muchos circuitos y mucho potencial en un estado de nueva disponibilidad. Esto se observa en las euforias temporales que resultan del drenaje de engramas aislados. Esta euforia temporal generalmente cae en un colapso al acercarse a engramas nuevos en la mente reactiva, ya que el tono general del cuerpo se reduce y la mente analítica está siendo confrontada con nuevas llamadas de emergencia desde varias partes del cuerpo.

Cuando el último engrama y, en caso necesario, el último candado de tipo engrámico es drenado de la mente reactiva, y por lo tanto del organismo entero y los bancos de memoria, la carga resultante puede ser comparada con una polaridad inversa. La risa es rechazo. A menudo puede producirse una risa violenta mientras estas cargas cambian en la mente reactiva y a medida que esos circuitos son limpiados por la mente analítica que está sacudiéndose sus candados. El término de Clear se usa porque es un argot usual en el campo de las computadoras. La mente analítica, cuando la mente reactiva ha sido reestimulada y drenada por medios artificiales, se limpia ella misma instantáneamente. Se puede considerar que esto vuelve a hacer disponibles nuevos circuitos y computaciones. La acción no cambia ni en lo más mínimo la personalidad básica del individuo, sino que entrega a esa personalidad una mente limpia aliviada del contenido emocional dañino y un organismo que ya no está ansiosamente telegrafiando información acerca de un dolor falso, pero no obstante real.

Es literalmente cierto que la mente analítica en sí es incapaz de error. Su único error es introducido por datos erróneos recibidos de su observación de engramas en acción. En un Clear se rehabilitan enteramente, hasta la plenitud de su poder, una precisión completa, una imaginación enorme, un renovado poder para idear (puesto que la capacidad de idear de un individuo aberrado aparentemente se pierde en proporción directa al número de engramas que acumula) y, por encima de todo, la dinámica básica, las cuatro dinámicas y los propósitos.

El propósito básico de un individuo se establece en una edad muy temprana y al parecer es duradero en la mente analítica. En un Clear, este propósito cobra existencia de una manera plena y absoluta. Sus problemas ya no tienen la complejidad añadida de información falsa (falsa sólo en el sentido de que fue observada como correcta, mientras que era falsa en la mente reactiva), y la mente analítica aumenta notablemente en inteligencia. Vuelve a su capacidad de dirigir el organismo entero y las entidades que tiene a su cargo, y puede tomar decisiones con una precisión y velocidad fantásticas, modificada sólo por su información educacional, recuperable de los archivos de memoria. Al descubrir que la salud del organismo se ha incrementado inmensamente, que la actividad glandular es normal o está volviendo a lo normal, y que las capacidades del organismo están muy por encima de lo que el organismo alguna vez supuso que eran, la mente analítica puede empezar con gran eficiencia a desempeñar su función adecuada. La observación feliz y placentera de la vida, natural en la infancia, llegan al adulto con la mejora añadida de la capacidad de concentración y con los datos de una extensa experiencia. En un Clear, los archivos de memoria y la mente analítica contienen sólo datos y circuitos valiosos y útiles.

Cualquier individuo cuya mente reactiva contenga una experiencia de intento de aborto o que contenga cualquier información engrámica relativa a la necesidad de retener algo, si esa sugestión fuera indefinida, procura retener sus engramas y a menudo justificará tal retención (ya que la justificación del comportamiento del organismo es necesaria por parte de la mente analítica, que no debe permitir que el organismo quede socialmente en peligro), con el comentario de que "la dinámica resulta de estas situaciones engrámicas". La confusión resulta de la observación de que la necesidad provoca que la mente analítica se dirija a nuevos problemas. Las necesidades del pasado no quedan olvidadas en un Clear, pero las necesidades falsas se reconocen y erradican. Queda por resolver qué parte juega el castigo en la formación de una mente analítica sensible. Pero sí se ha resuelto que la eliminación de la mente reactiva, es decir la eliminación de la experiencia físicamente dolorosa de la vida de un individuo, incrementa inmensamente tanto su fuerza dinámica como su inteligencia. El valor de una mente reactiva para el analizador es exactamente cero.

Capítulo Catorce

El Clear

El Clear

El funcionamiento en sí de la mente, la descripción y medida de sus propósitos así como de sus dinámicas, pertenecen apropiadamente al campo de la Dianética Dinámica. Sin embargo, el auditor debe comprender la condición del *Clear*.

Cuando a un individuo se le ha drenado su mente reactiva de manera que ya no es víctima de información errónea, su mente analítica, en la cual reside el "yo", llega a integrarse con el organismo entero.

Como ilustración de esto, cuando el auditor está buscando el engrama básico, encontrará que la mente analítica (la cual contiene sólo candados relacionados con el contenido engrámico de la mente reactiva) observará que el "yo" está observando de forma exterior el incidente en el cual el organismo una vez tomó parte, hasta que el básico o la cadena inmediata del básico se alcance. Este aspecto de observación exterior es sintomático de la personalidad desintegrada y está ordinariamente presente en todos los individuos aberrados hasta que se alcanza el engrama básico, momento en que el individuo se encontrará dentro de sí, sintiendo sus propios dolores y participando como él mismo en el incidente. Fue durante este engrama básico que él comenzó a separarse en la ilusión de dos o más individuos. De este modo, todos los individuos aberrados son personalidades divididas, es decir, personalidades no-integradas. La mente analítica ha tenido sus circuitos atiborrados de una gran cantidad de información no-pertinente y datos erróneos suministrados por la mente reactiva y a los que se ha hecho servir como propósito básico para la mente analítica. Estos propósitos, tal como se suministraron por la mente reactiva, tienen el carácter de sugestiones positivas de duración atemporal, las cuales, cuando se reestimulan por las percepciones del entorno del individuo, llegan a ser como nuevas personalidades.

En realidad, ni siquiera tiene interés para el auditor cuántas personalidades haya asumido o pueda manifestar el individuo aberrado "despierto". En el engrama básico él encontrará que la personalidad está integrada; que el individuo está dentro de sí mismo. Y siguiendo con cuidado los pasos de la cadena del engrama, a lo largo de todas y cada una de las dinámicas, el auditor reconstituirá continuamente al individuo hasta que al final esté en tiempo presente como un ser integrado, estando la mente analítica, el "yo", en completo mando y posesión del individuo. Como la mente analítica contiene también la personalidad básica del individuo, a efectos de esta ilustración, y como esa personalidad básica es buena y sí obedece incondicionalmente a todas las dinámicas, y es la personalidad con la que el individuo será más feliz y tendrá más éxito, el auditor no necesita prestar atención al número de veces que esa personalidad ha sido dividida o suprimida, más que para su diagnosis inicial que le permitirá alcanzar el engrama básico.

El engrama básico es bastante localizable, en realidad, ya que responderá muy fácilmente a esta terapia además de que contiene al individuo como él mismo, sintiendo sus propios dolores y constantemente dentro de sí mismo a lo largo de todos los relatos. En una personalidad aberrada, el engrama básico es con suma frecuencia prenatal y requiere paciencia y desarrollo considerables para acercarlo de nuevo a la línea temporal y ponerlo a disposición de la mente analítica y de este modo ser drenado.

Cuando el auditor se haya acercado al Tono 4 de la personalidad básica, o incluso antes de que se haya acercado a él, descubrirá generalmente que su preclear está comenzando a reír. La risa parecerá a menudo muy histérica, ya que esta es la risa de alivio. La risa es, al parecer, rechazo. Y esta risa es la mente analítica encontrando finalmente la falsedad de la información que se había visto forzada a usar en sus computaciones. La mente analítica no sólo sacará de sus circuitos toda la información errónea con esa risa, sino que también romperá automáticamente todos los incidentes dolorosos puramente mentales relacionados con ese engrama o con esa cadena de engramas. Incluso durante la ruptura del engrama básico, esta risa puede encontrarse a menudo que se acerca a la risa histérica. Esto puede explicarse como una inversión de carga ya que la mente analítica descubre la poca validez del contenido engrámico. Después de que la primera cadena de engramas se rompiera, se ha encontrado a preclears que se reían durante varias horas, según eran llevados arriba y abajo por su línea temporal en busca de candados. Estos candados a menudo se desvanecen tan rápidamente que no pueden relatarse, tal es el poder de la mente analítica. La risa no es necesariamente parte del proceso de clearing. Pero a menos que la risa esté presente, con toda certeza el engrama básico no ha sido alcanzado. Si el engrama que el auditor considera el básico se ha disipado hasta un cierto grado y no ha sobrevenido la risa, no es el engrama básico y se debe localizar un incidente anterior separado de la línea temporal. Tan grande es el poder y la fantástica capacidad del analizador (la parte del "yo" que puede plantear sus propios problemas en entornos imaginarios y desarrollar problemas y soluciones completamente originales y no imaginados hasta ahora), que puede eliminar automáticamente todos los candados futuros desde el momento de la recepción del engrama sin dirección adicional del auditor salvo alguna incitación con las palabras engrámicas.

El Clear ya no es un ser multicontrolado, sino que está integrado bajo el competente mando de la personalidad básica. Su mente analítica ha tenido que formar varios circuitos complejos, intrincados y extraños con el propósito de arreglárselas con la creencia aberrada del organismo en los peligros inherentes que hay en ciertos reestimuladores. Tan pronto como el engrama básico ha sido alcanzado y su cadena inmediata drenada, la mente analítica comenzará a drenarse a sí misma de toda información y datos pertinentes. Los engramas acompañantes alcanzarán un resultado similar.

La definición de un *Clear* es que él ya no está interesado en su propia mente. Se extrovierte en vez de introvertirse. Su mente analítica ya no comete más errores en computaciones sencillas, sino que puede (con su nueva área que ha sido liberada de los candados, incrementando así la inteligencia del individuo inmensamente) resolver problemas que hasta ahora no podía abordar.

El Clear no es el producto de personalidades destruidas, sino que es la integración de la parte óptima y más feliz del individuo. Es un error suponer que cualquier personalidad ha sido matada. Los momentos dolorosos en la vida del preclear han sido drenados y ciertos individuos que el preclear ha dramatizado, si eran dañinos o antagonistas hacia el individuo, ya no están presentes. Pero la personalidad básica se ha rehabilitado en su extensión más plena, de mayor inteligencia y con un mayor propósito.

La creación de un Clear depende de devolverle a un individuo su auto-determinismo. La mente analítica y el "yo" son completamente capaces de auto-determinismo. La doctrina del "determinismo automático" es falsa, errónea y degradante.

El Clear puede estar interesado en llevar a Clear a otros individuos, ya que eso es una porción de sus cuatro dinámicas. Pero él dejará de estar interesado en la condición de su propia mente en cuanto ésta sea fluidamente funcional y esté al mando del organismo. Esa mente puede entonces resolver los problemas del organismo en el entorno, puede resolver el entorno, puede resolver los problemas de las entidades que el organismo tiene a su cargo y puede, en resumen, dirigir y crear a voluntad.

Cuando un engrama se ha desvanecido, ya no puede ser recordado a lo largo de la línea engrámica del individuo y el incidente es almacenado en los bancos de memoria como que ya ha sido relatado al auditor.

Como mejor se describe el carácter del Clear es en el Código del Auditor.

Cada individuo tiene su propia personalidad básica y a los dos años de edad ha formado su propósito completo para la vida. La mente reactiva ha tenido éxito únicamente en usar personalidades falsas y perjudiciales como sustitutos y en distorsionar el propósito del individuo. No ha dañado, en ninguna medida, a la mente analítica.

Cada vez que un individuo tiene una cadena de engramas que hace la sugerencia de que no debe deshacerse de algo, él intentará aferrarse a sus aberraciones. Él está reaccionando exclusivamente a una orden engrámica y está pensando en identidades. Un Clear no está confuso con tales asuntos. Porque él sabe bien, con el fabuloso poder de su analizador, que los determinismos exteriores infligidos con dolor no eran de ninguna ayuda para el organismo.

Cada engrama contiene el percéptico de que la mente analítica
se debe quitar del circuito y anularse. Esto se produce porque el
engrama fue recibido en la mente reactiva en momentos en que grandes
choques o venenos, incluso en forma de fármacos, debilitaron o
desconectaron momentáneamente la mente analítica del circuito. El que
la mente analítica pueda ser desconectada del circuito es en sí mismo un
mecanismo de supervivencia, ya que cualquier organismo tan sensible y
tan complejo como la mente analítica debe, por fuerza, estar equipado
con algún mecanismo de tipo fusible. Esto entonces se convierte en
uno de los percépticos de la sensación orgánica en cualquier engrama.
Por lo tanto, cuando los engramas están siendo dramatizados, la mente
analítica baja instantáneamente en cuanto a potencial, incluso por
debajo del potencial reducido que permitió que el engrama se volviera
reactivo. Este es el carácter de las convulsiones y demás. Es por lo tanto
posible que algún engrama crónicamente reestimulado mantenga a la
mente analítica en un estado suprimido, tal como un choque crónico,
un envenenamiento crónico o el sueño crónico. Conforme estas, y otras
cosas que tienden a anular la mente analítica o a reducir su potencial
se reestimulan en una dramatización debido a reestimuladores en el
entorno del individuo, el potencial de la mente analítica se reduce hasta
un punto en que, a menudo, puede parecer que el individuo está en un
estado de trance crónico. Un trance completo de la mente analítica y
una dramatización de un engrama por una reestimulación crónica son
las formas más comunes de demencia. Pero cualquier serie de engramas
contiene, como parte de su sugestión reestimulativa, la reducción de
la actividad de la mente analítica. Este es un circuito soldado desde el
engrama. Por lo tanto, cuando se obtiene un Clear, la mente analítica
está por primera vez completamente alerta. Sus circuitos se han limpiado
y puede formar nuevas pautas de pensamiento y puede obtener una
precisión de computación que es asombrosa de ver.

El Clear es el ser completo en un estado de racionalidad. No dañará
ninguna cosa a menos que la observación racional de la situación y los
requisitos de una sociedad exijan que tal cosa sea dañada. Un Clear
está relajado en un estado enteramente consciente, despreocupado
de miedos aberrados. Está tan plenamente consciente del mundo que
le rodea como lo estaría un niño extasiado y posee una racionalidad
basada en su experiencia. La experiencia dolorosa está almacenada

de forma segura y precisa en sus bancos como información fiable. Pero la experiencia engrámica e inconsciente está erradicada como información no fiable y errónea.

La psicología freudiana abordó el problema de intentar llevar a Clear a un individuo mediante examinar y racionalizar el contenido de candados de la mente analítica. Se puede intentar conseguir un alivio considerable, después de un trabajo considerable, mediante cualquier método así. Pero los engramas todavía permanecen y los engramas todavía pueden ser reestimulados, constituyendo así un nuevo problema para una terapia así. Los tratamientos que intentan pulverizar los candados de la mente analítica tienden a reducir más las dinámicas del individuo y destruyen la personalidad básica. Pues únicamente la dinámica puede mantener a un individuo en equilibrio y únicamente la dinámica lo hace valioso para sí mismo y para su comunidad.

Un Clear está rehabilitado en sus dinámicas y estas se encontrarán considerablemente fortalecidas. Él es más capaz de resolver los problemas de su entorno y tiene disponibles más circuitos para tal computación. Es capaz de controlar el organismo en sus diversas funciones y es una unidad integrada. Es racional y constructivo. Su auto-determinismo ha sido rehabilitado al grado máximo. Y ya no está sujeto a reacciones de estímulos ambientales, lo cual es característico del innoble y torpe animal sobre el cual el Hombre ha triunfado después de un millón de años completos de evolución.

"Un Clear está rehabilitado en sus dinámicas y estas se encontrarán considerablemente fortalecidas".

Parte III

Clearing

Capítulo Quince

CADENAS DE ENGRAMAS

Cadenas de Engramas

Se encontrará más de una *cadena de engramas* en cada aberrado. Cuando este se convierte en un preclear, el auditor hará bien en descubrir la cadena de engramas más antigua. No siempre es posible hacerlo con exactitud, ya que algunas veces el preclear se encuentra en tal estado de nerviosismo que no se puede trabajar en su cadena básica, sino que se le debe aliviar en mayor o menor grado mediante el drenaje de una cadena posterior y más accesible. Sin embargo, esto último no es lo habitual.

El auditor debería comprender con claridad ciertas definiciones y principios operativos. Un *engrama* significa un momento de inconsciencia acompañado de dolor físico y un antagonismo concebido. Hay dos clases de engramas. Uno es el *engrama básico,* que es el engrama más antiguo en una cadena de engramas. El otro es el *engrama candado,* que es un engrama del mismo carácter y tipo, que está en la misma dinámica que el engrama básico de la cadena. Una *cadena de engramas* está, pues, compuesta por un engrama básico y una serie de engramas candado. Las cadenas de engramas también contienen *candados* ordinarios, que son momentos de angustia mental más o menos conocidos para la mente analítica. Con frecuencia, el preclear los toma equivocadamente como la causa de su conducta. Un verdadero engrama es desconocido para la computadora consciente del preclear, pero está por debajo de ella como un dato falso sobre el cual se erigen engramas candado casi igual de desconocidos y una enorme cantidad de candados.

"Una cadena de engramas está, pues, compuesta
por un engrama básico y una serie de engramas candado".

Con el fin de liberar una cadena de engramas, es absolutamente vital y necesario descubrir los engramas de esa cadena. Un individuo puede tener más de una cadena de engramas, pero tiene una *cadena básica de engramas.* Esta se debe eliminar en cuanto sea posible después de empezar la auditación en el preclear.

Cuando el auditor descubre un engrama, debe examinar el aspecto que tiene para determinar si es o no el básico. Al descubrir que no lo es, debe determinar de inmediato un básico anterior, y así sucesivamente, hasta que sea obvio que está en la escena del engrama básico.

Hay ciertas pruebas que puede aplicar. Un engrama básico se elevará hasta llegar a risa, se hundirá ligeramente, y entonces se elevará hasta Tono 4 y se desvanecerá. Entonces se borrarán los engramas sucesivos de esa cadena con muy poco trabajo. Se puede drenar casi cualquier engrama de una cadena. Pero si es un engrama candado y no un engrama básico, a veces se retirará y desaparecerá, pero volverá a surgir en parte cuando se alcance el engrama básico y se lleve al preclear al área del mismo.

Un engrama candado está sujeto a hundirse, es decir, se le puede llevar al Tono 2.0, pero después de que transcurra cierto tiempo (de uno a dos días), se encontrará que se ha hundido y que está, por ejemplo, en un Tono 1.1. Se puede elevar este engrama sucesivamente hasta que en apariencia se encuentre en un Tono 3.0, momento en el cual gran parte de su contenido desaparecerá. Esto es un *alivio.*

Cualquier cadena de engramas se puede aliviar hasta cierto grado sin alcanzar el básico. Pero al localizar el engrama básico, el básico en sí y los engramas candado subsiguientes pueden llevarse a Tono 4 con rapidez, siempre y cuando no se pasen por alto engramas candado al regresar por la línea temporal hacia arriba.

Cuando una cadena de engramas se ha llevado a Tono 4, puede decirse que ha desaparecido; no obstante, aunque el preclear ya no pueda encontrarla en la línea temporal (hasta podría ser incapaz de recordar algunos de sus aspectos más dolorosos y descorazonadores), parece que la mente se ha blindado contra los datos que esta contenía. Buscar una cadena de engramas después de haberla drenado y de haber alcanzado el Tono 4 debería ser, para los fines de la auditación, completamente infructuoso.

Una vez que el básico se ha descubierto y la cadena de engramas se ha llevado a Tono 4, los candados se desvanecerán de manera voluntaria. Si esto no sucede, entonces queda algo o el auditor ha sido demasiado optimista en cuanto a la selección del engrama básico para la cadena y, en realidad, no lo ha descubierto.

Todas las cadenas de engramas deberían drenarse de un preclear. Puede que se descubra que se encuentran a lo largo de las diversas dinámicas, pero cualquier cadena puede influir en más de una dinámica.

Otro tipo de engrama es el *engrama cruzado*. Este es, por lo general, un engrama de la infancia o de la edad adulta que abarca más de una cadena de engramas. La recepción de un engrama cruzado, tal como lo hace la convergencia de dos o más cadenas de engramas, con frecuencia va acompañada de un "colapso nervioso" o de locura repentina en un individuo. Un engrama cruzado puede ocurrir en un accidente severo, en enfermedades prolongadas o graves bajo circunstancias antagónicas o, por ejemplo, en una operación con óxido nitroso. Los engramas cruzados son muy fáciles de localizar, pero el auditor no debe ocuparse de ellos como tales, ya que no se drenarán, aunque se invierta una enorme cantidad de trabajo en ellos, hasta que los básicos y las cadenas de engramas en que se basa el engrama cruzado no se hayan llevado a Tono 4.

La neurastenia postcombate casi siempre puede rastrearse hasta la recepción de un engrama cruzado. Este, por supuesto, debe ser un engrama por derecho propio, así como un engrama candado en más de una cadena. Es concebible que un engrama candado sea tan grave como para "romper" al individuo, aun cuando se encuentre en una única cadena de engramas.

Hay ciertas reglas que puede emplear el auditor para determinar el engrama básico de una cadena de engramas. Al abordar por vez primera un caso, estas reglas se aplican también a la primera meta del auditor, que es la localización del engrama básico de la cadena básica de engramas:

1. Ningún engrama se disipará si el engrama básico de esa cadena todavía no se ha disipado.

2. El engrama básico no se disipará hasta que no se haya alcanzado el instante básico del engrama básico, es decir, el primer momento del engrama. Este es ordinariamente el que está más oculto.

3. Si después de dos o tres relatos de prueba un engrama no parece
    mejorar, el auditor debería tratar de descubrir un engrama
    anterior.

4. Ningún engrama es válido si no va acompañado de dolor
    somático. Este puede ser leve. Los incidentes que no contienen
    somáticos o bien no son básicos (al haber sido suspendido el
    dolor por una orden tal como "No poder sentir" en el básico),
    o tal vez ni siquiera sea un engrama.

Los casos se deben abordar tan cerca del engrama básico como sea
posible. Luego se les debe retornar a incidentes anteriores hasta descubrir
el básico.

El tratamiento de los candados mismos puede lograr algún alivio en el
caso. En vista de lo que se puede lograr con el tratamiento de los engramas,
tal ganancia no merece la consideración del auditor. Los candados sólo
deberían examinarse para descubrir discrepancias de conducta que lleven
a algún personaje de un engrama anterior.

Capítulo Dieciséis

Dramatización

L a *dramatización* es la duplicación de un contenido engrámico, completo o en parte, por un aberrado en su entorno de tiempo presente. La conducta aberrada es en su totalidad dramatización. La conducta aberrada sólo se presentará siempre y cuando exista un engrama en la mente reactiva del aberrado. Esa conducta será una duplicación de dicho engrama. El grado de dramatización está en proporción directa al grado de reestimulación de los engramas que la causan. Una dramatización leve sería una semejanza con el engrama. Una dramatización grave sería una identidad con el engrama.

Cuando su persona no está fatigada y él se encuentra bien y no se ve directamente amenazado en su entorno, hay una diferencia demasiado grande entre el nivel de tono del individuo completo y el nivel de tono del engrama, que siempre está bajo en la Escala Tonal. Conforme el tono general del individuo se aproxima al nivel de tono del engrama reestimulado, la dramatización se vuelve mayor.

La mente analítica está presente en la medida en que el tono general del aberrado sea alto. Conforme este tono general desciende debido a la mala salud, a los reveses de la mente reactiva o a su reestimulación constante, la mente analítica es menos consciente de forma proporcional. El aberrado manifiesta la dramatización en proporción inversa al potencial de la mente analítica. Se produce una progresión geométrica, según desciende el tono general, que causa que la mente analítica pierda la totalidad de su potencial de consciencia. Como todo engrama contiene, como denominador común de todos los engramas, la inconsciencia del órgano que es la mente analítica, las dramatizaciones saltan con rapidez conforme progresa esta interacción.

En presencia de un potencial relativamente alto de consciencia de la mente analítica, la dramatización adopta la forma de semejanza. Los datos del engrama están presentes, aunque salpicados con pensamiento justificado o modificados por él. El dolor físico que siempre está presente como parte de la dramatización, es una reproducción igualmente leve del dolor que estaba presente durante el engrama. El potencial de consciencia de la mente analítica se reduce al reestimularse el engrama, lo que a su vez reduce el tono general.

El aberrado está sujeto a una dramatización casi continua de uno u otro engrama cuando aparecen cerca de él los reestimuladores (aunque la aberración puede ser tan leve que sólo incluya algún órgano afectado de forma crónica). La dramatización total es identidad total. Es el engrama en plena acción en tiempo presente con el aberrado representando uno o más papeles del *dramatis personae* presente en el engrama. Puede dramatizar a todos los actores o meramente a uno de ellos. Su dramatización es identidad, es irrazonada y es siempre totalmente reactiva. Cuando la mente analítica alcanza el punto bajo de potencial de consciencia que tenía durante el incidente engrámico, ese punto también le es impuesto al aberrado como parte de la dramatización. El aberrado también puede dramatizarse a sí mismo tal como se encontraba en el momento en que recibió el engrama.

Las palabras, acciones físicas, expresiones y emociones de un aberrado que está bajo una dramatización de identidad son las de uno o varios de los personajes del *dramatis personae* presente en el engrama.

Un engrama que se puede dramatizar, se puede dramatizar en cualquier momento del futuro del aberrado como una dramatización de identidad; siempre y cuando su tono general sea bajo y su entorno se vea infiltrado por reestimuladores.

Es posible que un aberrado, debido a su tono general elevado y a otros factores, no sufra la reestimulación de un engrama durante varios años después de haberlo recibido. Todo aberrado puede tener un gran número de engramas presentes y sin dramatizar si nunca se le han presentado los reestimuladores específicos de estos engramas en un momento óptimo para la reestimulación. El factor común de

"La dramatización total es identidad total.
Es el engrama en plena acción en tiempo presente
con el aberrado representando uno o más papeles
del dramatis personae *presente en el engrama".*

toda demencia es la ausencia de todo, o casi todo, el potencial de consciencia de la mente analítica. La demencia puede ser aguda o crónica. Cualquier dramatización de identidad es demencia, con lo que se quiere decir la ausencia total de racionalidad.

El aberrado dramatiza candados de manera crónica y habitual. El contenido engrámico puede compeler o reprimir al aberrado siempre que se encuentre reestimulado.

Una persona irracional es irracional en la medida en que dramatiza o sucumbe ante el contenido engrámico de su mente reactiva. Las computaciones que se pueden hacer basadas en dramatización son infinitas. La mente reactiva piensa en identidades. Las dramatizaciones se agravan conforme se acercan a identidades con los engramas que imponen su existencia en la conducta del aberrado.

Existen muchas formas en que el auditor puede sacar provecho de estos principios de la dramatización. Al examinar las pautas de ira o apatía o histeria del preclear, el auditor se encontrará en posesión del carácter exacto de los engramas que está buscando.

En el caso del maníaco, el fanático o el extremista, un engrama ha bloqueado por completo al menos una de las líneas de propósito que se derivan de una dinámica. A este engrama se le puede denominar *engrama de ayuda.* Su propia sobrecarga (no la fuerza de la dinámica) hace que el individuo crea que tiene un propósito elevado que le permitirá librarse del dolor. Este "propósito" es un propósito falso que por lo general no favorece al organismo, pues tiene una cualidad frenética derivada del dolor que es parte de él aun cuando ese dolor no se experimente a sabiendas. Este engrama de ayuda utiliza la capacidad innata del organismo para lograr su propósito falso, y produce un esfuerzo furioso y destructivo por parte del individuo, quien sin este engrama de ayuda podría haber logrado la misma meta de mejor manera. El peor rasgo del engrama de ayuda es que el esfuerzo que exige es una dramatización engrámica de un tipo en especial, y si el engrama en sí se reestimula, el individuo queda sujeto al dolor físico y al miedo que contenía la experiencia completa. Por lo tanto, el propósito falso en sí se ve sujeto a un hundimiento esporádico. La duración de este hundimiento se prolonga cada vez más entre los periodos de empuje falso. Al hacer una observación informal, es muy fácil confundir un engrama de ayuda con una dinámica válida y real, a menos que uno observe también los periodos intercalados de hundimiento. El engrama de ayuda puede lograr o no lograr algo ocasionalmente, pero lo que sí consigue es generar en la sociedad una confusión de que las dinámicas del individuo se derivan de sus malas experiencias. Esto es algo rotundamente falso.

El individuo tiene, de manera inherente, una gran fuerza de voluntad. Sin embargo, esta se puede aberrar. La fuerza de voluntad o su ausencia produce la actitud del aberrado hacia su mente reactiva.

Impedir la dramatización de un engrama o candado reduce aún más la dinámica del aberrado. Impedirla crónicamente disminuye su tono general hacia el punto de ruptura. La dramatización sin trabas, ya que contiene la reestimulación de un dolor físico y el potencial reducido de la mente analítica, produce otros efectos dañinos.

La necesidad puede dejar y de hecho deja inactiva a la totalidad de la mente reactiva.

La dramatización ocurre con mayor frecuencia en ausencia de la necesidad o cuando la mente reactiva ha oscurecido la presencia de la necesidad.

La dramatización reside en los controles motores, incluyendo el habla, y puede mitigarse mediante el agotamiento físico del individuo. Durante la dramatización, el organismo tiende a experimentar una revivificación hacia el momento en que ocurrió el engrama; el cual contiene, como una de las partes de su identidad, la condición física total del organismo en el momento en que se recibió dicho engrama.

No existe insensatez ni faceta de la actividad humana que no se pueda dramatizar. Se puede lograr un alivio inmediato cuando se aborda a un aberrado que está en una dramatización de identidad, basándose en el hecho de que las condiciones de la auditación, con una excepción, existen ya; es decir, el preclear ha retornado al momento en que ocurrió el incidente. Se puede establecer la afinidad e iniciar la auditación de Dianética de inmediato. Se puede persuadir al aberrado para que escuche las frases que está pronunciando, y estas se pueden aliviar mediante su drenaje con el procedimiento de rutina.

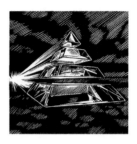

Capítulo Diecisiete

ENGRAMAS PRENATALES, NATALES E INFANTILES

Engramas Prenatales, Natales e Infantiles

La mente humana y la anatomía humana son muchísimo más poderosas y capaces de restablecerse de lo que generalmente se ha supuesto. Sólo incidentes de la mayor magnitud en cuanto a dolor físico y contenido hostil son capaces de aberrar una mente.

La capacidad que tiene la mente para almacenar datos difícilmente puede sobrestimarse. En la vida temprana, antes de que el sonido se analice como habla, un ser humano recibe y almacena impresiones exactas de todo lo que ocurre. En alguna fecha futura, cuando se encuentren percépticos similares, la mente reactiva analizará de nuevo (basándose sólo en identidades) el contenido de la mente temprana. Esto se convierte en el fundamento de la personalidad posterior a la concepción. La verdadera personalidad del individuo es poderosa y muy difícil de aberrar. A diferencia de los animales, a los que se puede enloquecer mediante mecanismos menores de psicología experimental, a un hombre habría que tratarlo de la manera más severa antes de que empezara a dar cualesquiera muestras de trastorno. Ese desorden procede de la capacidad de la mente reactiva para almacenar percepciones desde los momentos más tempranos de la existencia y retenerlas o bien en el plano analítico o bien en el plano reactivo para referencia futura.

La personalidad básica no proviene de los engramas. Y las dinámicas del individuo se ven obstruidas, no acrecentadas, por engramas.

Las dinámicas están separadas por completo y son tan innatas al individuo como su personalidad básica, de la que son una parte.

La información se clasifica en dos categorías: la *educacional,* o nivel de experiencia, almacenada en bancos y disponible a la mente analítica, al menos en sus niveles más profundos; y la *aberrativa,* o datos almacenados en la mente reactiva y con frecuencia utilizados por la mente analítica, pero nunca alcanzados por ella (salvo mediante la auditación).

Parecería que hay dos tipos de grabación. La primera es la grabación celular, en la que las células parecen almacenar datos. Dado que las células al procrear se convierten en ellas mismas otra vez (lo que significa que cuando la célula A se divide, ambas mitades siguen siendo la célula A), la inteligencia celular no se pierde, la identidad personal se multiplica por dos. En el caso del hombre, la procreación es mucho más compleja y se pierde la identidad individual: el hijo no es el padre, sino un compuesto genético de un vasto número de antepasados.

Poco después de la concepción, las células del ser humano son capaces de un inmenso poder de percepción y retención. Tras muy poco tiempo dentro del útero, el cerebro y el sistema nervioso están ya funcionando. De ahí hasta el nacimiento, el ser humano es claramente capaz de computaciones de una naturaleza bastante compleja en el nivel de la mente analítica. Con mucha mayor certeza, retiene información en el nivel reactivo.

El miedo, el dolor y la inconsciencia amplían los límites de percepción del individuo. Cuando se lesiona al ser humano en el seno materno, sus sentidos se amplifican de tal modo que graba sonidos procedentes del exterior del cuerpo de la madre. Los graba tan bien que su naturaleza precisa se almacena para referencia futura. El ser humano en el seno materno responde ante la recepción de engramas exactamente como lo hace después del nacimiento: almacenando los datos con precisión y reaccionando a ellos.

Los medios de reparación de que dispone un ser humano antes de su nacimiento se ven enormemente reforzados por la presencia de abundante tejido conjuntivo, oxígeno y sustento. Estos medios de reparación son inimaginablemente enormes, de modo que un ser humano en estado prenatal se puede lacerar gravemente y despedazar sin que esto le ocasione deficiencias estructurales. Sin embargo, sí recibe engramas, y estos engramas están sujetos a reestimulación. En muchos casos de intentos de aborto, se encontró que, al parecer, grandes secciones del cerebro del ser humano en estado prenatal se pueden herir sin que el cerebro muestre deficiencia alguna o ni siquiera una cicatriz después del nacimiento. Sin embargo, estos medios de reparación no reducen la extrema gravedad de los engramas que puede recibir el ser humano en su estado prenatal. En este punto se descarta la palabra "feto", y se aconseja excluirla del lenguaje como la descripción de un ser humano en estado prenatal. No tenemos a mano pruebas suficientes para declarar categóricamente que los intentos de aborto sean responsables del grueso de nuestros aberrados criminales y dementes. Pero de acuerdo con los casos de que se dispone, se debe considerar al intento de aborto como responsable de la mayoría.

El intento de aborto es el más grave generador de aberración. El ser humano antes del nacimiento, o *prenatal,* graba con tanta exactitud que la mente reactiva no comete errores en cuanto al reconocimiento de sus enemigos después del nacimiento. La mente se aberra al tener que depender de estos mismos enemigos para el sustento ordinario de la vida mientras el niño es una criatura indefensa.

La diagnosis de un caso prenatal es relativamente sencilla. Se verá que casi todos los preclears tienen por lo menos un engrama prenatal, y el caso no se resolverá si no se alcanza y se drena dicho prenatal.

Por lo general, el auditor puede determinar, mediante una investigación de la conducta de la persona como bebé y como niño, si se intentó abortar al preclear. La incomodidad o desdicha en el hogar, la sensación de no ser querido, el miedo irracional y un fuerte apego a los abuelos u otra persona de la casa que no sean los padres, con frecuencia son señales de un intento de aborto. En general, el miedo a la oscuridad es, aunque no siempre, parte del caso de intento de aborto. El auditor debería sospechar de un intento de aborto en cada paciente que audite, por lo menos en esta próxima generación. El que el preclear crea o no en el diagnóstico no tiene importancia para el auditor, ya que es muy probable que los engramas prenatales contengan las palabras "No lo puedo creer". Los propios padres, al igual que la sociedad, engañan al individuo sobre lo enormemente extendida que está esta práctica en la actualidad.

El preclear al que se intentó abortar puede no ser reconocido como tal hasta después de que se haya llevado a cabo bastante auditación. Toda auditación hecha en un preclear al que se intentó abortar, salvo si se dirige exclusivamente a lograr que el caso funcione, es tiempo perdido mientras no se alcancen los intentos de aborto. El aberrado postnatal presenta un caso un tanto diferente al prenatal, ya que se puede entrar en su caso en cualquier punto, y los momentos más tempranos del mismo se pueden alcanzar con facilidad. Esto no ocurre con el preclear al que se intentó abortar. Los intentos de aborto pueden alcanzar cualquier número, puesto que son, con mucho, la dramatización más generalizada de los engramas en la sociedad. Se repiten una y otra vez.

El auditor se verá en la necesidad de "desamontonar" el periodo prenatal. Por lo general alcanzará primero la lesión prenatal más tardía. Conforme la encuentre y la examine, esta se colocará en la línea temporal. Mediante un continuo retorno a intentos cada vez más antiguos, se descubrirán cada vez más engramas de este tipo, hasta que al final se descubra el más temprano. El auditor tiene que estar preparado para dedicar muchas horas de trabajo arduo a desamontonar lesiones. Muchas veces creerá que ha alcanzado el básico de esa cadena de engramas, pero entonces descubrirá que se intentó otro tipo de aborto antes de ese momento. No necesita dedicar mucho tiempo a estos engramas antes de pasar al anterior. Sólo debería hacerse una idea de ellos para que el preclear los pueda localizar con facilidad en el camino de vuelta.

El engrama básico, en un caso de intento de aborto, se puede encontrar poco después de la primera falta del periodo de la madre. Su emoción será exactamente la emoción de la persona o personas que intentaron llevar a cabo el aborto. El ser humano prenatal se identifica consigo mismo, pero un adulto al que se ha retornado al periodo prenatal reinterpreta los datos y descubrirá que se había confundido y se está confundiendo a sí mismo con otras personas involucradas en los intentos. Estos datos engrámicos podrían haber dormitado durante años antes de haberse reestimulado de forma violenta y, de hecho, es posible que nunca se les haya despertado. Sin embargo, se deben eliminar antes de que se pueda obtener un Clear. El auditor debería estar preparado para desamontonar cincuenta o más incidentes anteriores al nacimiento, si fuera necesario.

Cuando el preclear al fin se encuentre cerca del básico, incluso el preclear más escéptico (alguien que tenga escepticismo como parte de las cadenas de engramas prenatales), ya no dudará sobre lo que le está sucediendo. El auditor debería estar preparado para encontrar dificultades en relación con la capacidad del preclear para oír voces o sentir dolor, ya que es bastante común que el contenido engrámico contenga frases como "Inconsciente" y "No puede ver, no puede sentir, no puede oír", habiendo sido esta la concepción equivocada de la sociedad en lo que se refiere a la vida prenatal.

El auditor nunca debería horrorizarse del daño que haya recibido un ser humano en estado prenatal y por ello cuestionar la validez de los datos de su preclear. A menos que el cordón umbilical se rompa o el corazón se detenga, parece ser el caso que, en especial si es en los primeros meses, ningún daño es demasiado grande para que el organismo no se pueda reconstruir.

Dado que los padres que llevan a cabo abortos por lo general están dramatizando los intentos de aborto efectuados en ellos, no se debería esperar racionalidad en el contenido de los engramas. Incluso los datos proporcionados al respecto por los abortadores (el padre, la madre o algún profesional) son con frecuencia totalmente inexactos.

La prueba de un engrama es si va a disiparse o no y si los somáticos que lo acompañaban desaparecen y se obtiene un Tono 4. Reordenar los datos en una secuencia distinta no logrará esto. Debe sacarse a la luz el contenido exacto del engrama. Si el mecanismo de grabación del ser humano prenatal estaba tan perturbado que no grabó en algún periodo durante el intento, entonces no hay ningún engrama para el periodo en blanco únicamente. Pero esto es sólo un caso teórico, todavía no se ha descubierto ninguno.

El ser humano sometido a intento de aborto cae con frecuencia en la inconsciencia durante la parte más temprana de cada intento, ya que la cabeza está muy accesible para las agujas de tejer, los alfileres de sombrero, los palillos de manicura, los abotonadores, etc., que se emplean. Se debe penetrar en estos periodos de inconsciencia, y normalmente se liberarán con lentitud.

El número de engramas prenatales no debería horrorizar particularmente al auditor, ya que cuando el básico se descubre y se logra el Tono 4, las experiencias subsiguientes se disiparán cada vez con mayor facilidad. Los periodos de inconsciencia que se encuentran intercalados entre engramas prenatales, al ser candados, se desvanecerán.

El parto en sí es una experiencia grave, y el ser humano lo graba desde los primeros momentos de dolor a través de la experiencia completa. Todo en un parto es engrámico, puesto que el ser humano piensa que los cuidados clínicos son más o menos antagónicos ya que van acompañados de tanto dolor. Un nacimiento se debe disipar como cosa habitual, pero no hasta que se haya determinado la presencia o ausencia de prenatales. Incluso después de que el parto se haya disipado, se deben buscar prenatales, ya que con frecuencia se pueden encontrar sólo después de drenar el nacimiento. Los hábitos de los obstetras, la presencia de sonidos y habla en la sala de partos, la limpieza con bastoncillos de algodón de las fosas nasales del bebé, el examen de su boca, el severo tratamiento que se le aplica para iniciar la respiración y las gotas en los ojos, pueden ser responsables de muchas enfermedades psicosomáticas. Sin embargo, una tos, aunque esté presente durante el nacimiento y parezca haberse aliviado gracias al drenaje del engrama del parto, es casi siempre sangre que corre por la garganta del prenatal durante un intento de aborto. Cualquier percepción recibida durante el nacimiento cuando el individuo tiene dificultades para respirar, puede llegar a ser un reestimulador del asma. El aire puro y las luces eléctricas pueden ocasionar alergias y pueden ser los principales reestimuladores. Todo lo que se dice durante el parto, así como lo que se dice durante los engramas prenatales, se graba en la mente reactiva y actúa como material aberrativo que puede causar y causa cambios psicológicos y fisiológicos en el individuo. Como los padres no están muy a la vista durante el nacimiento, esta experiencia puede no reestimularse durante muchos años. Los engramas prenatales, en cambio, se reestimulan con más facilidad.

La vida del bebé es muy perceptiva. El retraso en aprender a hablar es más un retraso en aprender la complejidad del uso de los músculos vocales que un retraso en la capacidad para grabar. En la vida del bebé se graba todo, y los engramas que se reciben durante ella son extremadamente válidos.

El auditor se ocupará sobre todo de la vida prenatal, del nacimiento y de la vida del bebé. Son muy raros los casos que tienen muchos básicos importantes en la niñez o en la vida adulta. Estos últimos periodos

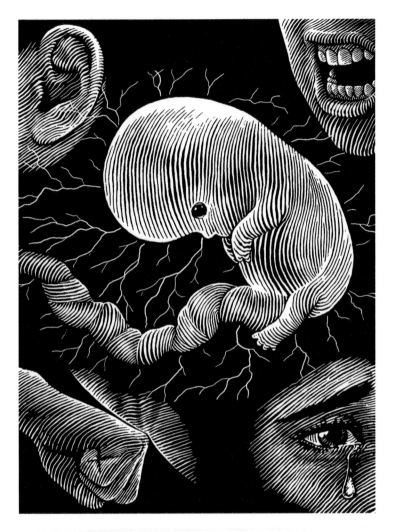

"En la vida del bebé se graba todo, y los
engramas que se reciben durante ella son
extremadamente válidos. El auditor se ocupará
sobre todo de la vida prenatal, del nacimiento
y de la vida del bebé. Son muy raros los casos
que tienen muchos básicos importantes en la
niñez o en la vida adulta".

contienen principalmente engramas candado que, aunque es necesario ocuparse de ellos para obtener un Clear, no deberían absorber mucha atención del auditor en un inicio. La mayor parte de las experiencias de angustia mental de la niñez y la vida adulta está basada en engramas muy tempranos y son candados que se eliminan por sí solos.

Los momentos de inconsciencia que contienen dolor físico y una concepción de antagonismo, que se encuentran en la niñez y la vida adulta, son severos y pueden producir aberración. Se pueden encontrar cadenas completas de engramas, incluyendo su básico, que se drenarán por sí solas. Pero después de haber alcanzado el quinto año, poca aberración verdadera llega, si es que llega alguna.

Capítulo Dieciocho

LAS "LEYES" DEL RETORNO

Las "Leyes" del Retorno

Con *aberración* se quiere decir las reacciones del preclear a su entorno actual y sus dificultades con el mismo.

Con *somático* se quiere decir cualquier anomalía física o sensorial que el preclear manifiesta de forma general o esporádica en su entorno, o cualquiera de esas manifestaciones que se encuentre y reexperimente durante el avance de la auditación.

La aberración es el error mental causado por los engramas, y el somático es el error físico ocasionado por la misma fuente.

El auditor sigue la regla general de que no existen en un preclear aberraciones o somáticos que no se puedan explicar mediante engramas. Por lo general, se puede esperar que descubra que cualquier cosa que reduzca la perfección física o mental del preclear es engrámica. Él aplica esta regla en primer lugar, y en la práctica no admite problemas orgánicos de ninguna clase. Sólo cuando es obvio que ha logrado un Clear y ha observado y hecho examinar médicamente a ese Clear tras un periodo de entre sesenta días a seis meses a partir del final de la auditación, podría contentarse con atribuir algo a un origen orgánico. No se puede esperar que sepa con exactitud qué somático no era engrámico hasta el examen final. En otras palabras, debe adherirse con persistencia a un curso de pensamiento (que se puede llevar al preclear a la perfección mental y física) antes de resignarse a adjudicar cualquier error mental o físico del preclear a una categoría puramente orgánica.

En el momento de este escrito se sabe muy poco acerca de la capacidad de recuperación de la mente y del cuerpo para que un auditor pueda negar dicha capacidad de recuperación. Desde la investigación inicial, una práctica considerable ha demostrado que esta capacidad de reconstruir y recuperarse es inmensa, muy por encima de cualquier cosa que antes se hubiera considerado posible.

Dianética explica *todos* los fenómenos de curación por la fe sobre una base totalmente científica, y el auditor puede esperar convivir todos los días en su práctica con lo que parecen ser milagros.

Además de un conocimiento sobre su materia, una inteligencia e imaginación considerables, y una personalidad que inspire confianza, el auditor debe poseer un notable grado de persistencia. En otras palabras, sus dinámicas deben ser fenomenalmente elevadas. No hay sustitutivo para un auditor al que se ha llevado a Clear. Es posible que un individuo ponga en práctica Dianética sin haber llegado a Clear y que pueda hacerlo durante algún tiempo sin repercusión alguna. Pero conforme practique, con toda certeza encontrará una y otra vez los percépticos contenidos en algunos de sus propios engramas hasta que dichos engramas estén tan reestimulados que se enferme mental o físicamente.

En el psicoanálisis, era posible que el analista escapara a este destino, ya que se ocupaba principalmente de candados que ocurrían en la vida posterior al habla. El analista incluso podía experimentar alivio al trabajar con pacientes, ya que esto podía clarificar sus propios candados que estaban completamente accesibles a su mente analítica (y siempre lo habían estado más o menos). Esto dista mucho de ser el caso en el auditor que se ocupa continuamente de datos vitales y sumamente cargados que *causan* aberraciones físicas y mentales. Un auditor en Dianética puede trabajar con impunidad sólo durante muy poco tiempo antes de que su propia condición exija que a él mismo se le eliminen sus engramas. Aunque esto está fuera del tema principal de la auditación, se ha observado con demasiada frecuencia como para ignorarlo.

Todo engrama posee alguna cualidad que lo niega a la mente analítica. Existen, aproximadamente, cuatro tipos generales de negación. El primero es el engrama de *autocierre,* el cual contiene frases del tipo de: "Paco nunca se va a enterar de esto", "¡Olvídalo!", "No puedo recordarlo", etc.

El segundo tipo es el engrama *autoinvalidador,* el cual contiene frases del tipo de: "Nunca sucedió", "No lo puedo creer", "No me lo puedo imaginar", etc.

En tercer lugar está el engrama *expulsor del preclear,* el cual contiene frases del tipo de: "No me puedo quedar aquí", "¡Vete!", y otras frases que no le permiten al preclear permanecer cerca del engrama, y que le hacen regresar a tiempo presente.

Un cuarto tipo es el engrama *retenedor del preclear,* el cual contiene frases del tipo de: "Quédate aquí", "No te muevas", "No puedo salir", etc.

Estos cuatro son los tipos generales que el auditor encontrará que le ocasionan la mayor dificultad. El tipo de frases que encuentre, sin embargo, se puede diagnosticar con facilidad por la reacción del preclear.

Existen muchos otros tipos de engramas y tipos de frases que se encontrarán. Existe el engrama autoperpetuador, que implica que: "Siempre será así" y "Sucede todo el tiempo". El auditor pronto aprenderá a reconocerlos, formando sus propias listas.

Un engrama no sería un engrama si no contuviera datos fuertemente compulsivos o represivos. Todos los engramas son en alguna medida de autocierre, estando muy separados de la línea temporal y tocándola ligeramente, si es que llegan a tocarla, con alguna partícula de información, pequeña y aparentemente inocua, que la mente analítica deja de lado por considerarla carente de importancia. Dentro de la variedad específica de autocierre están las frases que niegan percepciones de cualquier tipo. El auditor encontrará continuamente negación de percepción y encontrará que esta es una de las razones principales por las que el preclear no puede recordar y articular el engrama. "No ve", "No oye", "No siente" y "No está vivo", tienden a hacer que se autocierre por completo el engrama que contiene tales frases.

Como el engrama es una poderosa sobrecarga de dolor físico, incluso sin frase alguna, negará su propia existencia a la mente analítica, que al tratar de escanear el engrama será repelida por su principio operativo de que debe evitarle dolor al organismo. Como ya se ha tratado anteriormente, hay cinco formas en que el organismo puede ocuparse de una fuente de dolor. Puede ignorarla, atacarla, sucumbir a ella, huir o evitarla. Así como el organismo entero maneja las fuentes exteriores de dolor, la mente analítica tiende a reaccionar ante los engramas. Hay una reacción de mundo-exterior por parte del organismo hacia las fuentes de dolor, entonces. Esto es similar a lo que ocurre cuando se aborda a la mente analítica en relación con los engramas. Hay una excelente razón para esto. Todo lo contenido en la mente reactiva es material de fuente-exterior. La mente analítica estaba fuera de circuito y estaba grabando de manera imperfecta, si es que grababa en absoluto, durante el periodo de tiempo en que la fuente exterior entró en la mente reactiva.

Cuando se le pide a una mente analítica que se acerque a un engrama, reacciona como lo haría si este hubiera estado presente, es decir, fuera de circuito cuando el engrama se estaba recibiendo. Por lo tanto, debe hacerse un acercamiento al engrama que le permita al auditor dirigir a la mente analítica del preclear hacia una sola forma de acción: Atacar.

El incidente en sí se debe localizar y reexperimentar. Puesto que la mente analítica tiene cinco formas posibles de reaccionar ante el engrama, y puesto que el auditor desea que sea una sola de ellas (atacar) la que utilice, se debe disuadir al preclear de emplear las cuatro restantes.

Con este principio general, se pueden crear muchos tipos de enfoque al problema de lograr un Clear. El que se ofrece en el presente manual es el que ha alcanzado resultados más rápidos y predecibles que otros que se han investigado. Ha producido, al usarse, resultados del cien por cien en la obtención de Clears. Al principio, en estos momentos, el auditor no debería tratar de apartarse mucho de la técnica que se ofrece aquí. Debería intentar variarla únicamente cuando él mismo haya tenido una extensa y suficiente práctica que le capacite para estar muy familiarizado con la naturaleza de los engramas. Sin duda se establecerán técnicas mejores que proporcionarán un drenaje más veloz de la mente reactiva*. La técnica que aquí se ofrece ha producido resultados en todos los tipos de casos encontrados hasta ahora.

Existen tres ecuaciones que demuestran cómo y por qué el auditor y el preclear pueden alcanzar engramas y drenarlos:

---

* Véase *Dianética: La Ciencia Moderna de la Salud Mental,* el manual completo del procedimiento de Dianética.

I. LAS DINÁMICAS DEL AUDITOR SON IGUALES O MENORES QUE LA SOBRECARGA ENGRÁMICA EN EL PRECLEAR.

II. LAS DINÁMICAS DEL PRECLEAR SON MENORES QUE LA SOBRECARGA ENGRÁMICA.

III. LAS DINÁMICAS DEL AUDITOR MÁS LAS DINÁMICAS DEL PRECLEAR SON MAYORES QUE LA SOBRECARGA ENGRÁMICA.

Cuando las dinámicas del preclear están enteramente o casi enteramente reducidas, las dinámicas del auditor no siempre son suficientes para obligar a la mente analítica del preclear a atacar el engrama.

Las dinámicas del auditor, dirigidas contra un engrama de un preclear al que no se haya sometido a un proceso que inhiba la libre representación de su mente reactiva y la concentre, por lo general motivan al preclear a caer en uno de los cuatro métodos inservibles: sucumbir, huir, evitar o ignorar el engrama. Exigirle al preclear que "afronte la realidad", que "vea las razones" o que "deje de hacer tonterías", cae precisamente en esta categoría. Las dinámicas del auditor, al actuar contra un preclear, pueden producir en el preclear una "ruptura" temporal o de considerable duración.

Cuando el preclear está en reverie, algunas de sus dinámicas están presentes, y al *sumarles* las dinámicas del auditor ambas forman una combinación adecuada para vencer a la sobrecarga engrámica.

Si el auditor aplica sus dinámicas *contra* la mente analítica del preclear, es decir, el preclear como persona, mientras se está intentando alcanzar un engrama (violando el Código del Auditor, o con alguna idea errónea de que toda la persona del preclear se le está enfrentando), recibirá a cambio toda la furia de la sobrecarga engrámica.

Un engrama se puede dramatizar un sinfín de veces, ya que es característico de la mente reactiva que la sobrecarga del engrama no puede drenarse a sí misma y no se drenará a sí misma, sin importar su antigüedad o el número de veces que se haya dramatizado, hasta que lo aborde la mente analítica del preclear.

Para poder alcanzar los engramas se debe aplicar la ley de la dinámica aditiva. Muy de vez en cuando es necesario cambiar de auditores

"I. Las dinámicas del auditor son iguales o menores que la sobrecarga engrámica en el preclear.

II. Las dinámicas del preclear son menores que la sobrecarga engrámica.

III. Las dinámicas del auditor más las dinámicas del preclear son mayores que la sobrecarga engrámica".

de Dianética, pues algunos preclears trabajan bien sólo con un auditor masculino o femenino, o con uno u otro auditor en particular. Esto no resultará necesario en muchos casos. Se han registrado tres casos en los que el preclear sintió una clara antipatía hacia el auditor durante todo el curso de la auditación. Se encontró que el auditor era un reestimulador de una o más de las personas contenidas en los engramas. Aun así, estas personas llegaron a Clear. Se requirió más paciencia por parte del auditor, se hizo necesaria una observancia más estricta del Código del Auditor y se requirió mayor tiempo de auditación. Se descubrirá que una vez que el preclear comprende lo que se desea de él y por qué, su personalidad básica se anima hasta el punto en que coopera con cualquier auditor con tal de liberarse. Tolerará muchas violaciones del Código del Auditor. Una vez que un preclear ha comenzado con la auditación, generalmente continuará cooperando al máximo respecto a los requisitos principales, sin importar los antagonismos aparentes que pueda mostrar en asuntos menores.

El hecho de que el auditor se interese únicamente en lo que se le ha hecho *al* preclear y no se interese en absoluto en lo que el preclear le ha hecho a otros, facilita enormemente la terapia, ya que no hay ninguna deshonra social en haber sido una víctima sin saberlo.

Se pone al preclear en un ligero estado de "concentración" que no debe confundirse con la hipnosis. En el estado de alianza, por consiguiente, se encontrará que la mente del preclear, hasta cierto grado, se puede separar de su entorno y dirigirse al interior. La primera cosa que el auditor descubrirá en la mayoría de los preclears es una aberración del sentido del tiempo. Hay varias formas en que puede sortear esto y construir una línea temporal por la que pueda hacer que viaje la mente del preclear. Se examinan diversas experiencias tempranas que se puedan alcanzar sin dificultad, y se puede desarrollar una diagnosis preliminar. Después de esto, se inicia un esfuerzo directo por alcanzar el básico, con un predominio de intentos de aborto o accidentes prenatales. Los fracasos en los primeros intentos de alcanzar experiencias prenatales no deberían desalentar al auditor, ya que se pueden invertir muchas horas y alcanzar y drenar muchos básicos falsos, antes de obtener el verdadero prenatal básico.

El auditor puede utilizar y seguir ciertas leyes aparentemente naturales en vigor. Son como sigue:

1. Las dificultades que encuentra la mente analítica cuando se le hace retornar a un engrama o ir en busca de uno, son idénticas al contenido de mando de dicho engrama.

2. Un preclear en la vida adulta, al ser reestimulado, está obedeciendo más o menos al conjunto de experiencias contenidas en sus engramas.

3. El comportamiento de un preclear en el retorno está regulado por las órdenes contenidas en el engrama al cual se le ha retornado, y está modificado por el conjunto de engramas que lo preceden cronológicamente en su línea temporal.

4. Los somáticos de un preclear se encuentran en su grado máximo en el engrama en que fueron recibidos y en el momento de recepción en dicha experiencia.

5. Cuando a un preclear se le retorna a un punto previo a un engrama, las órdenes y somáticos de dicho engrama no tienen efecto sobre él. Al retornársele al momento de un engrama, el preclear experimenta, como denominador común de todos los engramas, una disminución considerable de su potencial analítico. Habla y actúa en una versión modificada del engrama. Todas las quejas que el preclear expresa al auditor se deberían considerar como que posiblemente vienen al pie de la letra de: primero, el engrama que está reexperimentando; o segundo, de engramas previos.

6. En el preciso momento de una orden engrámica, el preclear experimenta obediencia a esa orden. La emoción que un preclear experimenta cuando se le ha retornado a un engrama, es idéntica al tono emocional de ese engrama. Se verá que los excesos de emoción están incluidos como órdenes en el contenido verbal del engrama.

7. Cuando a un preclear se le retorna a antes del momento de recepción de un engrama, no está expuesto a ninguna porción

de dicho engrama, ya sea de forma emocional, aberrativa o somática.

8. Cuando se encuentra que la línea temporal tiene "bucles" o está borrosa en alguna porción, sus entrecruzamientos o confusiones son directamente achacables a órdenes engrámicas que establecen la confusión de forma precisa.

9. Cualquier dificultad que pueda experimentar un preclear con retornar, alcanzar engramas, percibirlos o relatarlos, está regida de forma directa y exacta por los engramas.

10. Un engrama no sería un engrama si fuera fácil de alcanzar, si no le causara dificultades al preclear y si no contuviera dolor físico.

11. La característica de los engramas es la confusión: primero, la confusión de la línea temporal; segundo, la confusión de una cadena engrámica en donde palabras o somáticos similares mezclan incidentes; tercero, la confusión de incidentes con engramas. Esta confusión está ocasionada por el estado de desconexión de la mente analítica durante la recepción del engrama.

12. La auditación, por localización e identificación de incidentes ocultos: primero, reconstruye al menos la parte inicial de la línea temporal; localiza y fija engramas con relación a otros en el tiempo; y luego localiza el básico de la cadena básica y lo drena. El resto de la cadena también se debe drenar. Los engramas candado se drenan con facilidad después de borrar el engrama básico o el básico de cualquier cadena (dentro de esa cadena). Los candados se desvanecen sin tener que localizarlos. La obtención de un Tono 4 en el básico permite que la subsiguiente borradura avance con facilidad por la línea temporal. Toda una cadena puede subir a Tono 4 sin que se haya localizado la cadena básica.

13. Cualquier percepción de la vida anterior al habla que se tenga durante el retorno denota la existencia de una experiencia engrámica tan atrás como esté abierta la línea temporal.

14. Si el tono general del individuo no es claramente un Tono 4, si aún está interesado en sus engramas, todavía existe otra cadena más básica que la que ya se encontró.

15. Las pautas engrámicas tienden a formar en el preclear una pauta de elusión. Del básico hacia afuera, existe una divergencia observable y progresiva entre el propio preclear y él mismo en retorno. En el engrama básico de la cadena básica y durante unos pocos engramas posteriores de esa cadena, el preclear se encuentra dentro de sí mismo y recibe las experiencias como él mismo. En engramas posteriores, se puede observar un despegue. Y en engramas recientes, el paciente observa la acción desde fuera de sí mismo, casi como una parte desinteresada. Esto constituye la prueba principal del básico de la cadena básica.

16. Otra prueba del básico es el hundimiento. Se puede drenar cualquier engrama hasta un punto en que entre en remisión sin alcanzar el Tono 4. Aun cuando lo pierda el individuo de forma temporal y momentánea, y sea evidente que no le molesta, ese engrama que se ha drenado en una cadena sin que se haya alcanzado el básico, se hundirá o reaparecerá en un plazo de veinticuatro a sesenta horas. El básico de cualquier cadena no se hundirá, sino que se disipará en unos cuantos relatos, ascenderá a Tono 4 y permanecerá borrado.

17. Otra prueba del básico es si empieza o no a disiparse con facilidad. Si un engrama no se intensifica ni permanece estático después de muchos relatos, puede considerarse que al menos es un básico de alguna cadena de engramas.

18. Los candados se disiparán y desaparecerán para no volver, ya que no están fijados en el cuerpo por dolor físico. Se puede drenar un gran número de candados, produciendo un alivio de las dificultades del preclear; y, en ocasiones, puede seguirse esta ruta al comenzar un caso. Descubrir y disipar el básico al que están conectados los candados elimina los candados automáticamente.

Estas reglas y leyes, a menos que se modifiquen en su formulación, se encontrará que son invariables. No se puede disculpar una auditación incompetente por el supuesto descubrimiento de un caso especial o una excepción. Para ocasionar una incapacidad permanente, el trastorno físico debería entrar en la categoría de partes faltantes del organismo, pero este no es el caso común.

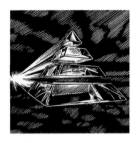

Glosario de LRH

Glosario de LRH

DIANÉTICA:

Término derivado de la palabra griega para pensamiento: *dianoia.* Término empleado para abarcar la ciencia del pensamiento y para incluir una familia de subciencias mediante las cuales el individuo y las actividades colectivas de la Humanidad se pueden comprender, predecir y mejorar.

DIANÉTICA IRREGULAR:

Rama de Dianética que incluye los axiomas y procesos de la ciencia que se ocupa del tratamiento de la mente aberrada, incluyendo todas las técnicas necesarias para el alivio o la cura de tales aberraciones y de establecer un Tono 4 en el individuo. No abarca el estudio de quienes están dementes a causa de deficiencias anatómicas o lesiones. Estos son tema de investigación bajo Dianética Dinámica.

DIANÉTICA DINÁMICA:

Ciencia de las dinámicas básicas del individuo y su personalidad básica. En el momento de este escrito, la rama de Dianética que más intensamente está siendo observada e investigada es esta.

Tono:

Condición emocional de un engrama o la condición general de un individuo.

Dinámica:

Empuje dinámico de un individuo, una especie o una unidad de materia o energía, dentro del tiempo y el espacio. Especialmente definida para el propósito de Dianética como "¡Sobrevive!".

Propósito:

Ruta de supervivencia elegida por un individuo, una especie o una unidad de materia o energía para alcanzar su Dinámica. (Observación: el propósito es específico y puede definirse con precisión como una subdivisión de una de las subdinámicas. Se ha establecido a modo de tentativa mediante la investigación que un ser humano individual ha establecido su propósito para la vida a los dos años de edad y que el propósito real no deriva en grado alguno de engramas, sino que sólo está distorsionado por ellos).

Engrama:

Periodo de dolor físico que incluye inconsciencia y antagonismo experimentado por un individuo, grupo o sociedad y que permanece después como dramatizaciones irracionales y reestimulables.

Engrama Candado:

Engrama, severo de por sí, subsiguiente a un engrama básico en cualquier cadena de engramas.

Cadena de Engramas:

Serie de engramas similares en una o más dinámicas que bloquea las dinámicas del individuo.

Candado:

Periodo de angustia mental cuya fuerza depende de un engrama. Puede o no estar disponible para la mente analítica, pero no contiene auténtica inconsciencia.

Dispersión:

Acción de una dinámica o propósito al encontrar un engrama. Se puede describir por analogía a un chorro de electrones que golpea un obstáculo y se pulveriza a su alrededor, mucho más debilitado.

Confusión:

La condición de un área de un engrama o la condición de una cadena de engramas. Instantes de la existencia que no están adecuadamente alineados en la línea temporal.

Línea Temporal:

El registro de memoria de un individuo, motor o sensorial, está alineado con precisión sobre los momentos de tiempo. En un Clear, tales momentos están disponibles para la mente analítica. En un aberrado, hay áreas de la línea temporal que están oscurecidas pero la línea temporal se considera que está en perfecta condición, aunque oscurecida parcial y temporalmente. Se sospecha la existencia de dos líneas temporales: una sensorial y otra motora, estando esta última más disponible para el auditor en forma de somáticos. La línea temporal es precisa, pero conforme la mente analítica se dirige a ella en el aberrado, aparentemente desaparece en parte o se enreda.

Preclear:

Cualquier individuo que haya iniciado la terapia de Dianética con el propósito de llegar a Clear.

Dianeticista:
Auditor de la terapia de Dianética.

Aberrado:
Individuo aberrado, ya sea cuerdo o demente, que contiene engramas sin aliviar.

Clear:
Individuo del que se han eliminado todos los engramas y cadenas de engramas y que ha alcanzado un Tono 4 general.

AA:
Caso de intento de aborto.

Engrama Cruzado:
Severa experiencia engrámica en la que dos cadenas de engramas se han encontrado, causando un marcado cambio en la vida del individuo. Este es un engrama que está en la línea temporal de cada una de dos o más cadenas.

Engrama de Ruptura:
Engrama candado tras cuya recepción el individuo experimenta un descenso de su tono general a 2.5 o por debajo y por tanto se vuelve incapaz de arreglárselas con su entorno.

Trauma:
Término de una escuela psicológica que implica una experiencia que crearía una cicatriz psíquica. No se usa en Dianética porque se corre el riesgo de malentender la naturaleza de las experiencias graves. Las cicatrices no pueden eliminarse; las experiencias psicosomáticas sí.

Reestimulador:
Percéptico del entorno que se asemeja a una parte precisa de los percépticos del engrama en la mente reactiva.

Reestimulador Asociativo:

Percéptico en el entorno que se confunde con un auténtico reestimulador.

Mente Reactiva:

Aquella parte de la mente que contiene datos reflejos o reactivos que no se limpian a través de la mente analítica, sino que están sujetos a dramatización o aberración. Utiliza como proceso de pensamiento la concepción de identidades: A=A=A. Este es esencialmente el mecanismo de pensamiento animal.

Mente Analítica:

La residencia de la consciencia en el individuo y sede de sus dinámicas y personalidad básica. Este es un término análogo. La mente analítica se puede subdividir.

Inconsciencia:

Periodo de cese de actividad por parte de la mente analítica únicamente. La mente reactiva está activa y consciente en la mayor parte de su ser, en todos los grados de la vida, sin importar qué tan cerca de la muerte esté. (Esta es una condición del individuo completo únicamente en la muerte).

Somático:

Equivalente fisiológico de la aberración mental. Un somático ocurre junto a cada aberración. Este término se usa en vez de "dolor físico" en la terapia, debido al alto valor engrámico de la palabra "dolor" y su incapacidad para incluir en su significado todos los percépticos dolorosos.

Apéndice

Estudio Adicional
Libros y Conferencias por L. Ronald Hubbard

Los materiales de Dianética y Scientology componen el conjunto más grande de información jamás reunido sobre la mente, el espíritu y la vida, rigurosamente perfeccionado y sistematizado por L. Ronald Hubbard durante cinco décadas de búsqueda, investigación y desarrollo. Los resultados de ese trabajo están contenidos en cientos de libros y más de 3,000 conferencias grabadas. En cualquier Iglesia u Organización de Publicaciones de Scientology, se puede conseguir una lista y descripción completas de todas ellas, incluyendo las ediciones traducidas disponibles en tu idioma. (Véase la **Guía de los Materiales** en la página 194).

Dianética es una precursora y un subestudio de Scientology. En las siguientes páginas están los libros y conferencias recomendadas para principiantes. Aparecen en la secuencia en que Ronald las escribió o las hizo disponibles. Una ventaja importante del estudio cronológico de estos libros y conferencias es la inclusión de las palabras y términos que, cuando se usaron originalmente, se definieron con considerable exactitud por LRH. A través de un estudio en secuencia, puedes ver cómo progresó el tema y no sólo obtener una mayor comprensión, sino aplicación en tu vida.

La lista de los libros y conferencias que se presenta a continuación muestra dónde encaja *Dianética: La Tesis Original* en la línea de desarrollo. A partir de ahí puedes determinar tu *siguiente* paso o cualesquiera libros o conferencias anteriores que hayas podido pasar por alto. Entonces serás capaz de rellenar los huecos, no sólo adquiriendo conocimiento de cada descubrimiento, sino una mayor comprensión de lo que ya hayas estudiado.

Tu siguiente libro es *Dianética: La Ciencia Moderna de la Salud Mental.*

Este es el camino hacia *saber cómo saber* que abre las puertas a un mejor futuro para *ti*. Anda por él y verás.

Libros y Conferencias
de Dianética

DIANÉTICA: LA TESIS ORIGINAL • *(Este Libro).* La *primera* descripción de Dianética que hizo Ronald. Originalmente estuvo en circulación en forma de manuscrito, fue copiada rápidamente y se pasó de mano en mano. Al correrse la voz se creó tal demanda de información adicional que Ronald concluyó que la única manera de responder a las preguntas era con un libro. Ese libro fue Dianética: La Ciencia Moderna de la Salud Mental, que ahora es el libro de autoayuda más vendido de todos los tiempos. Descubre qué comenzó todo. Pues estos son los cimientos sólidos de los descubrimientos de Dianética: los *Axiomas Originales,* el *Principio Dinámico de la Existencia,* la *Anatomía de la Mente Analítica* y de la *Mente Reactiva,* las *Dinámicas,* la *Escala Tonal,* el *Código del Auditor* y la primera descripción de un *Clear.* Aún más, estas son las leyes primarias que describen *cómo* y *por qué* funciona la auditación. Sólo se encuentra aquí, en Dianética: La Tesis Original.

DIANÉTICA: LA EVOLUCIÓN DE UNA CIENCIA • Esta es la historia de *cómo* Ronald descubrió la mente reactiva y desarrolló los procedimientos para deshacerse de ella. Escrito originalmente para una revista nacional, publicado para que coincidiera con la publicación de Dianética: La Ciencia Moderna de la Salud Mental, inició un movimiento que se extendió como reguero de pólvora, casi de la noche a la mañana, tras la publicación de ese libro. Por tanto, aquí se encuentran, tanto los fundamentos de Dianética como el único informe del viaje de descubrimientos de Ronald a lo largo de dos décadas y de la manera en que aplicó la metodología científica para desentrañar los misterios y problemas de la mente humana. Y, por lo tanto, la culminación de la búsqueda de 10,000 años del Hombre.

DIANÉTICA: LA CIENCIA MODERNA DE LA SALUD MENTAL • El inesperado acontecimiento que inició un movimiento mundial. Pues aquí está el libro de Ronald, un hito que presenta su descubrimiento de la *mente reactiva* la cual subyace bajo el Hombre y lo esclaviza. Es la fuente de las pesadillas, miedos irracionales, trastornos e inseguridad. Y aquí está la forma de deshacerse de ella y alcanzar la tan buscada meta de Clear. Este es el manual completo del procedimiento de Dianética y, con él cualquier par de personas razonablemente inteligentes pueden romper las cadenas que los han mantenido prisioneros a los trastornos y traumas del pasado. Un best-seller por más de medio siglo y con decenas de millones de copias impresas, traducido en más de cincuenta idiomas y usado en más de 100 países de la Tierra, *Dianética* es indiscutiblemente el libro más leído y de mayor influencia que jamás se haya escrito sobre la mente humana. Y por esa razón, siempre se le conocerá como el *Libro Uno.*

CONFERENCIAS Y DEMOSTRACIONES DE DIANÉTICA • Inmediatamente después de la publicación de *Dianética*, LRH comenzó a dar conferencias en auditorios atestados de gente por todo Estados Unidos. Aunque se dirigía a miles de personas al mismo tiempo, la demanda siguió creciendo. Para satisfacer esa demanda, se grabó su presentación en Oakland, California. En estas cuatro conferencias, Ronald relató los acontecimientos que provocaron su investigación, y su viaje personal hacia sus descubrimientos pioneros. Después continuó con una demostración personal de auditación de Dianética: la única demostración de Libro Uno que hay disponible, la cual es invaluable para el dianeticista. *4 conferencias.*

Auto-Procesamiento

AUTOANÁLISIS: *EL MANUAL BÁSICO DE AUTO-PROCESAMIENTO* • Las barreras de la vida son en realidad simplemente sombras. Aprende a conocerte a ti mismo, no sólo una sombra de ti mismo. Contiene la más completa descripción de la consciencia, Autoanálisis te lleva a través de tu pasado, a través de tus potencialidades, de tu vida. En primer lugar, con una serie de autoexámenes y utilizando una versión especial de la Tabla Hubbard de Evaluación Humana, te sitúas en la Escala Tonal. Después, aplicando una serie de procesos ligeros, aunque poderosos, te embarcas en la gran aventura del autodescubrimiento. Este libro contiene también principios globales que alcanzan a *cualquier* caso, desde el más bajo hasta el más elevado, incluyendo técnicas de auditación tan eficaces que Ronald se refiere a ellas una y otra vez, durante todos los años siguientes de investigación en los estados más elevados. En resumen, este libro no sólo eleva a la persona en la Escala Tonal, sino que puede sacarla casi de cualquier cosa.

MANUAL PARA PRECLEARS: *EL MANUAL AVANZADO DE AUTO-PROCESAMIENTO* • Aquí están los Quince Actos de Auto-procesamiento orientados a rehabilitar el *Auto-determinismo*. Además, este libro contiene varios ensayos que dan la descripción más extensa del *Estado Ideal del Hombre*. Descubre por qué las pautas de comportamiento se vuelven tan sólidamente fijas; por qué parece que los hábitos no se pueden romper; cómo las decisiones de hace mucho tiempo tienen más poder sobre una persona que sus decisiones recientes; y por qué una persona mantiene en el presente experiencias negativas del pasado. Todo se explica claramente en la Tabla de Actitudes, un avance histórico sensacional que complementa la Tabla Hubbard de Evaluación Humana, marcando el estado ideal de ser y las *actitudes* y *reacciones* de uno respecto a la vida. *El Manual para Preclears se usa en auto-procesamiento junto con Autoanálisis.*

Libros de Scientology

Teoría y Práctica

SCIENTOLOGY: LOS FUNDAMENTOS DEL PENSAMIENTO–*EL LIBRO BÁSICO DE LA TEORÍA Y PRÁCTICA DE SCIENTOLOGY PARA PRINCIPIANTES* • Designado por Ronald como el *Libro Uno de Scientology*. Tras haber unificado y sistematizado completamente los temas de Dianética y Scientology, llegó el perfeccionamiento de sus *fundamentos*. Publicado originalmente como un resumen de Scientology para su uso en traducciones a lenguas distintas al inglés, este libro es de valor incalculable tanto para el estudiante novicio de la mente, el espíritu y la vida, como para el avanzado. Equipado únicamente con este libro, uno puede comenzar una consulta y producir aparentes milagros y cambios en los estados de bienestar, capacidad e inteligencia de la gente. Contiene el *Ciclo-de-Acción*, las *Condiciones de la Existencia*, las *Ocho Dinámicas*, el *Triángulo de ARC, Las Partes del Hombre*, el análisis completo de la *Vida como un Juego*, y más, incluyendo procesos exactos para la aplicación de estos principios en el procesamiento. De modo que aquí, en un libro, están los verdaderos fundamentos de Scientology para aplicarlos a lo largo de toda la vida de uno y los medios para elevar la cultura entera.

Trabajo

LOS PROBLEMAS DEL TRABAJO: *SCIENTOLOGY APLICADA AL MUNDO DEL TRABAJO COTIDIANO* • Como Ronald lo describe en este libro, la vida está compuesta de siete décimas partes de trabajo, una décima parte de familia, una décima parte de política y una décima parte de ocio. Aquí está la aplicación de Scientology a esas siete décimas partes de la existencia incluyendo las respuestas al *Agotamiento* y el *Secreto de la Eficiencia*. Aquí está también el análisis de la vida en sí: un juego compuesto de reglas exactas. Si las conoces prosperas. Los Problemas del Trabajo contiene la tecnología sin la que nadie puede vivir, y que la puede aplicar cualquiera en el mundo del trabajo cotidiano.

Los Fundamentos de la Vida

SCIENTOLOGY: UN NUEVO PUNTO DE VISTA SOBRE LA VIDA • Los elementos esenciales de Scientology para cada aspecto de la vida. Las respuestas básicas que te ponen en control de tu existencia, verdades para consultar una y otra vez: *¿Es Posible Ser Feliz?, Dos Reglas para una Vida Feliz, Integridad Personal, La Personalidad Anti-Social* y muchas más. En cada parte de este libro encontrarás verdades de Scientology que describen las condiciones de *tu* vida y proporcionan modos *exactos* para cambiarlas.

AHORA PUEDES *ESCUCHAR* LA HISTORIA DE DIANÉTICA Y SCIENTOLOGY

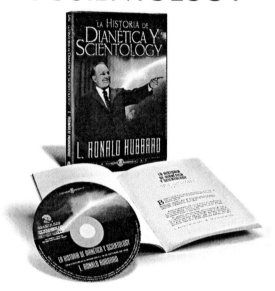

DEL HOMBRE QUE LA VIVIÓ

"Para realmente conocer la vida", escribió L. Ronald Hubbard, "tienes que ser parte de la vida. Tienes que bajar y mirar, tienes que meterte en los rincones y grietas de la existencia. Tienes que mezclarte con toda clase y tipo de hombres antes de que puedas establecer finalmente lo que es el hombre".

A través de su largo y extraordinario viaje hasta la fundación de Dianética y Scientology, Ronald hizo precisamente eso. Desde su aventurera juventud en un turbulento Oeste Americano hasta su lejana travesía en la aún misteriosa Asia; desde sus dos décadas de búsqueda de la esencia misma de la vida hasta el triunfo de Dianética y Scientology, tal es la historia que Ronald narra en una conferencia tan legendaria que ha sido escuchada por millones.

¿Cómo pudo un hombre descubrir la fuente de toda la aberración humana, y proporcionar una verdadera tecnología por medio de la cual el Hombre se pudiera elevar a mayores alturas de honestidad, decencia y libertad personal? Averigua por ti mismo, en una historia que sólo podría ser contada por el hombre que la vivió.

Obtén
La Historia de Dianética y Scientology
UNA CONFERENCIA POR L. RONALD HUBBARD

Y PUEDES *CONOCER* A L. RONALD HUBBARD

EN SU *ÚNICA* ENTREVISTA GRABADA

¿Qué es Scientology?

¿Cuál es la aplicación práctica de Scientology para el hombre promedio en la calle?

¿Cómo puede Scientology ayudar a la gente a superar sus problemas?

¿Por qué está el hombre en este planeta y cuál es su propósito aquí?

Tales son las preguntas planteadas por millones y, en esta entrevista exclusiva, Ronald proporcionó las respuestas: qué *condujo* su conquista para ayudar a la Humanidad, sus *descubrimientos* obtenidos a través de gran esfuerzo, los cuales proveen las respuestas a los acertijos de la mente y de la vida, las cuales fueron buscadas por tanto tiempo, y cómo forjó una *ruta* para lograr nuevos estados de ser y felicidad: aquí está tal como Ronald mismo se lo explicó al mundo.

Conoce al hombre que fundó una nueva religión en la era atómica, una religión que ahora se extiende por todo el planeta, una religión que está cambiando la faz de la Tierra, una religión en donde la ciencia y la religión finalmente se juntan y por lo tanto… una religión que sólo se le podría haber llamado *Scientology*.

Obtén
Una Introducción a Scientology

Obtén tu
Guía de los
Materiales
gratuita

- Todos los libros
- Todas las conferencias
- Todos los libros de consulta

Todo ello puesto en secuencia cronológica con descripciones de lo que cada uno contiene.

¡Estás en una Aventura! Aquí está el Mapa.

Tu viaje a una comprensión completa de Dianética y Scientology es la aventura más grande de todas. Pero necesitas un mapa que te muestre dónde estás y adónde vas.

Ese mapa es la Guía de los Materiales. Muestra todos los libros y conferencias de Ronald con una descripción completa de su contenido y temas, de tal manera que puedas encontrar exactamente lo que *tú* estás buscando y lo que *tú* necesitas exactamente.

Las nuevas ediciones de cada libro incluyen extensos glosarios con definiciones de todos los términos técnicos. Como resultado de un programa monumental de traducciones, cientos de conferencias de Ronald se están poniendo a tu alcance en disco compacto con transcripciones, glosarios, diagramas de conferencias, gráficas y publicaciones a los que se refiere en las conferencias. Como resultado, obtienes *todos* los datos y puedes aprenderlos con facilidad, no sólo consiguiendo una comprensión *conceptual* completa, sino ascendiendo a mayores estados de libertad espiritual cada paso del camino.

Para conseguir tu Guía de los Materiales y Catálogo GRATIS, o para pedir los libros y conferencias de L. Ronald Hubbard, ponte en contacto con:

HEMISFERIO OCCIDENTAL:
**Bridge
Publications, Inc.**
4751 Fountain Avenue
Los Angeles, CA 90029 USA
www.bridgepub.com
Teléfono: 1-800-722-1733
Fax: 1-323-953-3328

HEMISFERIO ORIENTAL:
**New Era Publications
International ApS**
Store Kongensgade 53
1264 Copenhagen K, Denmark
www.newerapublications.com
Teléfono: (45) 33 73 66 66
Fax: (45) 33 73 66 33

Libros y conferencias también disponibles en las iglesias de Scientology.
*Véase **Direcciones**.*

Direcciones

Dianética es una precursora y un subestudio de Scientology, la religión de más rápido crecimiento en el mundo hoy en día. Existen Iglesias y Centros en ciudades de todo el mundo y se están formando nuevas continuamente.

Los Centros de Dianética ofrecen servicios introductorios y pueden ayudarte a comenzar tu viaje, o pueden ponerte en marcha en la aventura de la auditación de Dianética. Para obtener más información o para localizar el Centro de Dianética más próximo a tu domicilio, visita el sitio web de Dianética:

www.dianetics.org
e-mail: info@dianetics.org

Cada Iglesia de Scientology tiene un Centro de Dianética que ofrece tanto servicios introductorios como entrenamiento formal en el tema. También pueden proporcionar más información sobre los últimos descubrimientos del Sr. Hubbard en el tema de Scientology. Para más información visita:

www.scientology.org
e-mail: info@scientology.org

También puedes escribir a cualquiera de las Organizaciones Continentales, que aparecen en la siguiente página, que te dirigirán directamente a una de las miles de Iglesias y Centros que hay por todo el mundo.

Puedes conseguir los libros y conferencias de L. Ronald Hubbard desde cualquiera de estas direcciones o directamente desde las editoriales que aparecen en la página anterior.

ORGANIZACIONES CONTINENTALES:

LATINOAMÉRICA

OFICINA DE ENLACE CONTINENTAL DE
LATINOAMÉRICA
Federación Mexicana de Dianética
Calle Puebla #31
Colonia Roma, México D.F.
C.P. 06700, México

ESTADOS UNIDOS

CONTINENTAL LIAISON OFFICE
WESTERN UNITED STATES
1308 L. Ron Hubbard Way
Los Angeles, California 90027 USA

CONTINENTAL LIAISON OFFICE
EASTERN UNITED STATES
349 W. 48th Street
New York, New York 10036 USA

CANADÁ

CONTINENTAL LIAISON OFFICE
CANADA
696 Yonge Street, 2nd Floor
Toronto, Ontario
Canada M4Y 2A7

REINO UNIDO

CONTINENTAL LIAISON OFFICE
UNITED KINGDOM
Saint Hill Manor
East Grinstead, West Sussex
England, RH19 4JY

ÁFRICA

CONTINENTAL LIAISON OFFICE
AFRICA
5 Cynthia Street
Kensington
Johannesburg 2094, South Africa

EUROPA

Continental Liaison Office Europe
Store Kongensgade 55
1264 Copenhagen K, Denmark

Liaison Office of Commonwealth of Independent States
Management Center of Dianetics
and Scientology Dissemination
Pervomajskaya Street, House 1A
Korpus Grazhdanskoy Oboroni
Losino-Petrovsky Town
141150, Moscow, Russia

Liaison Office of Central Europe
1082 Leonardo da Vinci u. 8-14
Budapest, Hungary

Oficina de Enlace de Iberia
C/ Miguel Menéndez Boneta, 18
28460; Los Molinos
Madrid, España

Liaison Office of Italy
Via Cadorna, 61
20090 Vimodrone
Milano, Italy

AUSTRALIA, NUEVA ZELANDA Y OCEANÍA

Continental Liaison Office ANZO
20 Dorahy Street
Dundas, New South Wales 2117
Australia

Liaison Office of Taiwan
1st No. 231, Cisian 2nd Road
Kaoshiung City
Taiwan, ROC

Obtén una Afiliación Gratuita de Seis Meses

EN LA ASOCIACIÓN INTERNACIONAL DE SCIENTOLOGISTS

La Asociación Internacional de Scientologists es la organización de afiliación de todos los scientologists unidos en la cruzada de más importancia sobre la Tierra.

Se otorga una Afiliación Introductoria Gratuita de Seis Meses a cualquiera que no haya tenido ninguna afiliación anterior de la Asociación.

Como miembro tienes derecho a descuentos en los materiales de Scientology que se ofrecen sólo a Miembros de la IAS. Además recibirás la revista de la Asociación llamada *IMPACT,* que se emite seis veces al año, llena de noticias de Scientology alrededor del mundo.

El propósito de la IAS es:

"Unir, hacer avanzar, apoyar y proteger a Scientology y a los scientologists de todas las partes del mundo para lograr las Metas de Scientology tal y como las originó L. Ronald Hubbard".

Únete a la mayor fuerza que se dirige a un cambio positivo en el planeta hoy día y contribuye a que la vida de millones de personas tenga acceso a la gran verdad contenida en Scientology.

ÚNETE A LA ASOCIACIÓN INTERNACIONAL DE SCIENTOLOGISTS.

Para solicitar la afiliación,
escribe a la Asociación
Internacional de Scientologists
c/o Saint Hill Manor, East Grinstead
West Sussex, England, RH19 4JY

www.iasmembership.org

Glosario Editorial
DE PALABRAS, TÉRMINOS Y FRASES

Las palabras tienen a menudo varios significados. Las definiciones usadas aquí sólo dan el significado que tiene la palabra según se usa en este libro. Los términos de Dianética aparecen en negrita. Al lado de cada definición encontrarás la página en que aparece por primera vez, para que puedas remitirte al texto si lo deseas.

Este glosario no está destinado a sustituir a los diccionarios estándar del idioma ni los diccionarios de Dianética y Scientology, los cuales se deberían consultar para buscar cualesquiera palabras, términos o frases que no aparezcan a continuación.

El capítulo Glosario de LRH debería leerse por completo para tener una base apropiada sobre la nomenclatura de este tema. Las definiciones de ese capítulo se incluyen, no obstante, a continuación, para facilitar el remitirse a ellas, y se señalan cuando aparecen.

—Los Editores

AA: CASO DE INTENTO DE ABORTO. (Del *Glosario de LRH*). Pág. 182.

abarcar: incluir o contener como parte de una totalidad. Pág. 1.

abatimiento: condición de descorazonamiento, desánimo, depresión o desesperanza extremos. Pág. 79.

aberración: del latín *aberrare,* desviarse, alejarse de; formado por *ab,* lejos, y *errare,* andar errante. De ahí, una desviación del pensamiento o comportamiento racionales. En Dianética esto significa además la reacción hacia su entorno actual y sus dificultades con este. Véase el resto del texto para un uso y explicación de su causa y remedio. Pág. 7.

aberrado: afectado de aberración. Pág. 18.

ABERRADO: INDIVIDUO ABERRADO, YA SEA CUERDO O DEMENTE, QUE TIENE ENGRAMAS SIN ALIVIAR. (Del *Glosario de LRH*). Pág. 36.

aberrativo: que causa o produce aberración. Pág. 27.

abismo: espacio o abertura sin fondo, vacío, etc., que se piensa que conduce a algo sumamente dañino o destructivo o que lo contiene. Pág. 13.

abotonador: instrumento que se usaba para pasar los botones a través de los orificios en las botas, guantes, etc., que por lo general consistía en un pequeño gancho al final de una varilla fijada a un mango. Pág. 159.

acción, en: en funcionamiento; que tiene un efecto sobre algo. Pág. 10.

acompañar: ir junto a algo o seguir tras ello como consecuencia. Pág. 22.

aditivo: relativo o producido mediante adición o por la suma de algo. Pág. 169.

admitir: dar la posibilidad de algo. Pág. 7.

afinado: ajustado o habituado de modo que sea receptivo o dócil. Pág. 19.

afinidad: acuerdo; simpatía natural, gusto o atracción hacia una persona, cosa, idea, etc. Pág. 13.

agente causativo: fuente, influencia o poder por el que algo llega a existir, por el que una acción tiene lugar o por el que se crea un efecto. Pág. 18.

agilidad: capacidad de hacer algo diestra y hábilmente. Pág. 50.

aglomerar: amontonar, juntar cosas o personas. Pág. 25.

agobiar: acosar, apremiar persistentemente, especialmente de una forma molesta. Pág. 81.

agraviado: molesto, irritado, exasperado, habitualmente debido a una ofensa o perjuicio recibidos. Pág. 81.

agregado: suma, masa o aglomeración de cosas individuales; una suma total o en bruto. Pág. 8.

agregado colonial: grupo de organismos que forman juntos una estructura conectada y viven y crecen en estrecha asociación entre ellos. *Colonial,* en este sentido, significa perteneciente o relativo a un grupo o masa de individuos o plantas, de la misma clase, que viven o crecen en estrecha asociación. *Agregado* se usa en su sentido biológico, el resultado del acto o proceso de organismos que se juntan para formar un grupo. Pág. 9.

agudo: breve o que tiene una duración corta, por oposición a crónico (que dura mucho; se dice de una condición que dura un periodo largo de tiempo). Pág. 150.

ajeno: no natural de la persona o cosa especificada; que no le pertenece. Pág. 69.

alergia: sensibilidad anormal hacia sustancias que normalmente no son dañinas (como el polvo, el polen, alimentos, etc.) que cuando son inhaladas, tragadas o puestas en contacto con la piel provocan una fuerte reacción por parte del cuerpo de la persona. Pág. 1.

alfileres de sombrero: agujas ornamentales largas para sujetar un sombrero de mujer al pelo. Pág. 159.

al final: al cabo de algún tiempo; finalmente. Pág. 59.

alianza: unión o asociación formada para beneficio mutuo. También, una relación basada en cierta afinidad. Pág. 171.

aliviar: hacer más leve o disminuir el dolor, severidad, etc., de alguna cosa. Pág. 53.

almacenado en bancos: guardado en un *banco,* lugar de almacenamiento de información, como en las computadoras en que se almacenan los datos en una memoria informática que se denomina en sentido colectivo, banco. Se usa para describir un almacenamiento en la mente de información memorística (relativa a la memoria). Pág. 156.

amenaza: algo que es una posible fuente de peligro o daño. Pág. 44.

amnésico, trance: profundo *trance* de una persona como si estuviera dormida, que la hace susceptible a las órdenes. *Amnésico* significa relativo a la amnesia, y en este sentido se refiere al hecho de que la persona no puede recordar lo que ocurrió durante el estado de trance profundo. Pág. 43.

ampliado: desarrollado o expandido como mediante información, detalles o ejemplos adicionales, o algo similar. Pág. viii.

amplificación: estado de ser *amplificado,* aumentado o hecho más grande en su esfera. Pág. 47.

amplificar: aumentar, como para tener un ámbito, rango, alcance mayores. Por ejemplo, alguien que oye los sonidos mucho más alto (o ve imágenes mucho más nítidas o brillantes) de lo que se considera normal, tiene una audición o visión amplificadas. Pág. 47.

analítica: de *análisis,* la acción de mirar racionalmente los datos o de computarlos de tal modo que se separen en partes para estudiarlos o examinarlos, extraer conclusiones o resolver problemas. Pág. viii.

analizador: 1. Algo que *analiza,* mira racionalmente los datos o los computa de tal modo que los separa en partes para estudiarlos o examinarlos, extraer conclusiones o resolver problemas. Pág. 11.
2. En Dianética, el analizador es la mente analítica. El analizador se describe plenamente en el Capítulo Trece, El Analizador. Pág. 19.

análogamente: como en una analogía. *Véase* **analogía**. Pág. 40.

analogía: comparación entre dos cosas que son similares en ciertos aspectos; a menudo se usa para explicar algo o para hacer que sea más fácil de comprender. Pág. 17.

anatomía: referencia al cuerpo de una persona. Pág. 47.

ancestro: alguien de quien desciende una persona, especialmente cuando ese alguien existió en el pasado distante. Pág. 10.

angustia: gran ansiedad o sufrimiento. Pág. 45.

anotación: literalmente, una nota que se hace de algo como una ayuda para la memoria, un registro de experiencias, etc. Se usa en sentido figurado en alusión al registro en la mente. Pág. 120.

antepasados: miembros de alguna generación del pasado, como un grupo o raza. Pág. 11.

antipatía: sentimiento de disgusto hacia algo, por lo general acompañado de un intenso deseo de evitarlo o alejarse de ello. Pág. 70.

anular: quitarle efectividad a algo; hacer que algo tenga poco o ningún valor, efecto o importancia. Pág. 117.

apariencia: aspecto exterior de alguien o algo. Pág. 110.

apatía: falta de interés en ninguna cosa o ausencia de cualquier deseo de hacer algo. Pág. 59.

apreciación: clara percepción o reconocimiento del valor o significación de algo. Pág. 114.

apreciador: algo que hace o forma una valoración, por ejemplo de la calidad, cantidad o valor de alguna cosa. Pág. 67.

aproximación: algo que es similar en cantidad, calidad o grado, a alguna otra cosa. Una aproximación de la mente reactiva sería una persona, objeto, sonido o algo así en el entorno, que es similar a un registro existente en la mente reactiva. Pág. 20.

arbitrario: derivado de la mera opinión o preferencia; algo irrazonable o sin sustentación. Pág. 59.

ardua: que requiere de una gran aplicación, energía o fuerte esfuerzo. Pág. 46.

argot: modo particular de hablar o usar las palabras, especialmente compartido por los que tienen un oficio o interés común. Pág. 121.

arranque: arrebato repentino de emoción. Pág. 46.

articular: expresar con claridad en palabras. Pág. 167.

artística, habilidad: destreza o capacidad creativa. Pág. 34.

artritis: inflamación de las articulaciones, que causa dolor, hinchazón y rigidez. Pág. 1.

asignación: acción y efecto de asignar: señalar lo que le corresponde a alguien o algo, o especificarlo. Pág. 59.

asma: trastorno crónico habitualmente caracterizado por resollar (respirar fuertemente y con ruido), toser, dificultades respiratorias y una sensación de sofoco. Pág. 1.

asociación: conexión o relación de ideas, sentimientos, sensaciones; correlación de los elementos de percepción, razonamiento o similares. Pág. 54.

aspecto: 1. Naturaleza; cualidad; carácter. Pág. 17.
2. Estado, condición o modo en el que una persona u objeto se presentan a la vista; imagen exterior de alguien o algo. Pág. 56.

astigmatismo: defecto visual causado por una curvatura desigual de la superficie del ojo. Esta impide que los rayos de luz queden enfocados, produciendo así una visión desenfocada. Pág. 1.

astucia: destreza e inteligencia especiales para ocuparse de asuntos difíciles o delicados. Pág. 96.

asumir: 1. Aceptar algo como existente o cierto sin una prueba concreta; suponer, como en: *"Si se desvanece sin alcanzar la risa del Tono 4, se puede asumir que aún no se ha borrado el engrama básico del individuo".* Pág. 60.
2. Aceptar una responsabilidad, obligación, etc., como en: *"Cuando un auditor se hace cargo de un caso, debe estar preparado para asumir la familia del preclear".* Pág. 108.
3. Adoptar el carácter particular o la cualidad, estado, etc., de algo, como en: *"En realidad, ni siquiera tiene interés para el auditor cuántas personalidades haya asumido o pueda manifestar el individuo aberrado 'despierto'".* Pág. 128.

a su vez: una cosa tras otra. Pág. vii.

atenerse a: seguir o mantenerse firme y constante en algo. Pág. 103.

audio-silábico: relativo a la palabra hablada. De *audio,* sonido dentro del ámbito de la audición humana, y *sílaba,* palabra o parte de una palabra que se pronuncia con un golpe de voz único e ininterrumpido. Pág. 39.

auditación: aplicación a alguien de los procedimientos de Dianética por un auditor entrenado. Pág. viii.

auditor: el término *auditor* se usa en Dianética para designar a alguien adiestrado en la práctica de la terapia de Dianética. *Auditar* es tanto escuchar como computar. Pág. 28.

autocontrol: *autohipnosis,* el acto o proceso de hipnotizarse uno mismo; también una condición o estado hipnótico autoinducido. Pág. 69.

auto-determinado: relativo al determinismo de uno mismo. *Véase también* **determinismo**. Pág. 19.

autoinvalidador: que se priva a sí mismo de su fuerza, valor o efectividad. Que se anula o disminuye a sí mismo. Pág. 167.

axioma: declaración de leyes naturales del mismo tipo que las de las ciencias físicas. Pág. 1.

bancos, almacenado en: guardado en un *banco,* lugar de almacenamiento de información, como en las computadoras en que se almacenan los datos en una memoria informática que se denomina en sentido colectivo, banco. Se usa para describir un almacenamiento en la mente de información memorística (relativa a la memoria). Pág. 130.

banda: categoría de cosas que caen entre unos límites específicos. Pág. 59.

barrido, hacer: pasar a lo largo o a través de algo con un movimiento regular y continuo. Pág. 96.

básica, personalidad: el individuo mismo. Pág. viii.

básico, engrama: *básico* alude aquí al punto de comienzo de algo. El engrama básico es el primer engrama, o el más antiguo, que ha recibido un individuo, como en: *"El primer problema del auditor es descubrir el engrama básico"*. Pág. 49.

berrinches: arrebatos de enojo o frustración, especialmente las rabietas infantiles de enojo o mal humor. Pág. 68.

blindado: que se ha hecho resistente o que no puede ser afectado por algo. Pág. 141.

borrar: liberar o librar de algo; eliminar (engramas, candados, cadenas, etc.) de la mente reactiva. Pág. 17.

brecha: amplia separación entre dos posiciones o puntos de vista sobre algo, etc. Pág. 86.

brevedad: cualidad de breve o conciso o de expresar mucho con pocas palabras. Pág. 114.

bucle: doblez de la línea temporal hacia atrás sobre sí misma. En este caso los incidentes no están en su sitio correcto en la línea temporal. Pág. 173.

burdo: tosco; estúpido. Pág. 116.

bursitis: inflamación de una bolsa llena de fluidos del cuerpo, particularmente en el codo, rodilla o articulación del hombro. Pág. 1.

cadena: serie de cosas conectadas o que siguen una sucesión, como en una cadena de eventos, etc. *Véase* CADENA DE ENGRAMAS. Pág. 19.

CADENA DE ENGRAMAS: SERIE DE ENGRAMAS SIMILARES EN UNA O MÁS DINÁMICAS QUE BLOQUEA LAS DINÁMICAS DEL INDIVIDUO. (Del *Glosario de LRH*). De manera parecida a cómo se forma una cadena metálica mediante eslabones conectados, una serie de engramas similares están conectados unos con otros en una cadena. El tema de las cadenas de engramas se trata en el Capítulo Quince, Cadenas de Engramas. Pág. 44.

calcular: estimar o determinar por razonamiento aritmético o matemático; computar. Pág. 60.

CANDADO: PERIODO DE ANGUSTIA MENTAL CUYA FUERZA DEPENDE DE UN ENGRAMA. PUEDE O NO ESTAR DISPONIBLE PARA LA MENTE ANALÍTICA, PERO NO CONTIENE AUTÉNTICA INCONSCIENCIA. (Del *Glosario de LRH*). UN CANDADO ES UN MECANISMO PARA ASEGURAR (SUJETAR) UNA COSA A OTRA. Pág. 45.

caprichosamente: caracterizado por impulsos o cambios impredecibles más que por juicio o propósito establecido. Pág. 81.

carga: 1. Cantidad de energía, como la electricidad, que se puede almacenar o que puede fluir de un punto a otro. Pág. 40.
2. Difusión (esparcimiento gradual sobre algo) como con emoción, tal como la desesperanza. Pág. 65.

cargo, tener a su: tener a su cuidado, control y responsabilidad. Pág. 115.

caso: término general para una persona a la que se está ayudando o auditando, como en: *"En el caso anterior, el nacimiento permaneció inactivo como flotante hasta que a los siete años de edad, en un momento de reducción del poder analítico, se repitió una frase que se dijo en el parto".* Pág. 46.

caso: 1. Ocurrencia de algo, como en: *"Las palabras son sonidos en forma silábica, emitidos con un timbre, tono y volumen o reconocimiento visual concretos en cada caso".* Pág. 39.
2. Circunstancias o el problema particular de una persona que requiere o recibe ayuda, como en: *"Conforme trabaje con cualquier individuo, cuerdo o demente, debe emplear continuamente en el grueso de sus cálculos sobre el caso, la ecuación del pensamiento engrámico".* Pág. 66.
3. Estado actual de las cosas, como en: *"Esto dista mucho de ser el caso*

en el auditor que se ocupa continuamente de datos vitales y sumamente cargados que causan *aberraciones físicas y mentales"*. Pág. 166.

causativo, agente: fuente, influencia o poder por el que algo llega a existir, por el que una acción tiene lugar o por la que se crea un efecto. Pág. 18.

célula: la unidad estructural más pequeña de un organismo que es capaz de funcionamiento independiente. Todas las plantas y los animales están hechos de una o más células. Por ejemplo, el cuerpo humano tiene más de 10 billones de células. Pág. 8.

celular: relativo a la *célula*. Pág. 10.

cese: parada de alguna acción, actividad o algo similar. Pág. 19.

charlatán: persona que finge tener un conocimiento o habilidad especiales; impostor. Pág. 86.

choque de insulina: forma de tratamiento de choque psiquiátrico introducido en los años 30, que consiste en inyectar una cantidad excesiva de insulina (una hormona que regula el nivel de azúcar en la sangre) en el cuerpo, lo que produce convulsiones y coma. Pág. 54.

chorro de electrones: flujo de diminutas partículas cargadas electrónicamente. Pág. 107.

ciencia: conocimiento; comprensión de hechos o principios, clasificados y facilitados en el trabajo, la vida o la búsqueda de la verdad. Una ciencia es un conjunto interrelacionado de verdades demostradas o de hechos observados, organizados sistemáticamente y unidos bajo leyes generales. Incluye tener métodos fiables para el descubrimiento de nuevas verdades dentro de su campo e indica la aplicación de métodos científicos a campos de estudio que previamente se consideraba que sólo estaban abiertos a teorías basadas en criterios subjetivos, históricos o no demostrables y abstractos. La palabra *ciencia* se usa en este sentido, el sentido más fundamental y tradicional de la palabra, y no en el sentido de las ciencias *físicas* o *materiales*. Pág. 7.

circuito: en electricidad, ruta completa a lo largo de la cual viaja una corriente eléctrica y que desempeña una acción específica, como suministrar electricidad a un bombillo. En Dianética se usa como una analogía para la mente con el mismo sentido. Pág. 40.

circuito de desviación: alusión a un camino por el que se dirige parte de una corriente eléctrica o toda ella evitando uno o más elementos de un circuito. Se usa para describir algo similar en la mente. Pág. 66.

circuito, fuera de: en electricidad, un *circuito* es un camino completo que recorre una corriente eléctrica y que lleva a cabo una acción concreta, como suministrar electricidad a un bombillo. Cuando algo se pone *fuera de circuito,* eso se saca del camino de la corriente eléctrica y así del funcionamiento de ese circuito, y deja de estar en funcionamiento. Pág. 22.

clarividencia: el aparente poder de percibir cosas o acontecimientos en el futuro o más allá del contenido sensorial normal. Pág. 8.

claro está: expresión que se usa para señalar una posibilidad que alguien podría no haber considerado, como en: *"A menos, claro está, que descanse sobre un engrama anterior".* Pág. 44.

claves: *claves* son etiquetas o un índice de categorías; se usa aquí con el sentido de algo que identifica, como una analogía de la mente para describir *claves de percépticos* en un engrama que cuando el individuo los percibe en el entorno de una manera no analítica, pueden hacer que el engrama reaccione en mayor o menor grado. Pág. 42.

Clear: individuo del que se han eliminado todos los engramas y cadenas de engramas y que ha alcanzado un Tono 4 general. (Del *Glosario de LRH*). Pág. viii.

clearing: acción de borrar de la mente reactiva todas las experiencias físicamente dolorosas que han resultado en la aberración de la mente analítica. Pág. 108.

clínica(mente): de manera puramente científica. También, basado en la observación real de los individuos, en vez de en la teoría. Pág. 34.

codificado: dispuesto en un sistema organizado o en una clasificación ordenada. Pág. 88.

colapso nervioso: grave trastorno emocional, especialmente cuando ocurre repentinamente, y que a menudo está caracterizado por una profunda tristeza, depresión, ansiedad, etc., que le incapacita a uno para funcionar de forma normal en la vida. Pág. 142.

colonia: grupo o masa de plantas o animales individuales, del mismo tipo, que viven o crecen en estrecha asociación. Pág. 8.

colonial, agregado: grupo de organismos que forman juntos una estructura conectada y viven y crecen en estrecha asociación entre ellos. *Colonial,* en este sentido, significa perteneciente o relativo a un grupo o masa de individuos o plantas, de la misma clase, que viven o crecen en estrecha asociación. *Agregado* se usa en su sentido biológico, el resultado del acto o proceso de organismos que se juntan para formar un grupo. Pág. 9.

como tal: como se entiende normalmente la palabra a la que se acaba de hacer mención; ser lo que el nombre o descripción implican; en ese sentido, como en: *"Estos son en esencia problemas no resueltos. Como tales, contienen sus propias soluciones".* Pág. 67.

compañía: unidad militar mandada normalmente por un capitán y que casi siempre forma parte de un batallón (mandado por un coronel). Pág. 27.

compatible: que encaja o es coherente con alguna otra cosa. Pág. 44.

compeler: obligar o conducir a que algo siga cierto curso de acción. Pág. 150.

complexión: apariencia general o naturaleza; carácter; aspecto. Pág. 56.

compuesto: 1. Sustancia que contiene dos o más elementos (sustancias que en sí mismas no se pueden descomponer en sustancias más simples) en unas proporciones exactas. Un compuesto puede estar formado por muchos elementos y por lo general tiene propiedades distintas de los elementos de que se compone. Los compuestos pueden ser sólidos, líquidos o gases. Pág. 25.
2. Que consiste en una combinación de varias partes; complejo; que implica la combinación de varias acciones, procesos, ideas, etc. Pág. 118.

compulsión: impulso irresistible que es irracional o contrario a la voluntad de uno. Una *compulsión* se puede concebir que es una orden engrámica de que el organismo *debe* hacer algo. Pág. 1.

computación: acción o resultado de calcular o procesar datos (para proporcionar respuestas); pensamiento. Pág. 115.

computadora: aquello que calcula y piensa, como por ejemplo la mente. Pág. 139.

computar: pensar o determinar con precisión. Pág. 98.

común denominador, mínimo: el factor más fundamental que tienen en común una cierta cantidad de gente o de cosas. Pág. 8.

concebir: formarse una idea o concepto de algo en la mente de uno, pensar, imaginar. Pág. 8.

conducir: tender a producir algo; contribuir, llevar a algo o en alguna dirección. Pág. 1.

conducto: canal, pasaje, etc., a lo largo del cual se transmiten cosas. Pág. 114.

conectado: unido o agregado a otra cosa. Pág. 105.

conectar: verbo que se usa para describir cómo un engrama durmiente puede activarse y ponerse en circuito, por analogía a un circuito eléctrico. Pág. 19.

Confusión: LA CONDICIÓN DE UN ÁREA DE UN ENGRAMA O LA CONDICIÓN DE UNA CADENA DE ENGRAMAS. INSTANTES DE LA EXISTENCIA QUE NO ESTÁN ADECUADAMENTE ALINEADOS EN LA LÍNEA TEMPORAL. (Del *Glosario de LRH*). Pág. 173.

conservación de la energía: ley física que establece que la energía en sí no se puede crear ni destruir sino que solamente altera su forma. Por ejemplo, si uno quemara un trozo de carbón y recogiera todo el humo, las cenizas y otras partículas que irradiaran de la combustión y las pesara, obtendría el mismo peso que antes de que se quemara el carbón. Pág. 8.

considerable: cantidad grande o bastante grande. Pág. 40.

considerablemente: en gran medida; sustancialmente; apreciablemente. Pág. 70.

consistir: estar hecho o compuesto de algo. Pág. 18.

consolidar: hacer que algo sea sólido o firme; solidificar; reforzar. Pág. 13.

contagio: transmisión o comunicación de una enfermedad de cuerpo a cuerpo. De aquí, por extensión, la transferencia y difusión de influencias dañinas o corruptas, o sentimientos, emociones, etc., de una persona a otra o entre cierta cantidad de gente. Pág. 107.

contemplar: 1. Pensar o considerar atentamente o reflexivamente; considerar cuidadosamente y en detalle. Pág. 13.
2. Mirar algo u observarlo. Pág. 106.

contemporáneo: característico de algún periodo de tiempo. Pág. 70.

contra: palabra que se usa en combinación con otra con el sentido de "en oposición" o como respuesta a otra cosa; opuesto. Pág. 117.

control central, sistema de: sistema nervioso central, que consta de un cerebro y una médula espinal. Funciona como centro de control del sistema nervioso recibiendo información de los sentidos y enviando impulsos a los músculos y otras partes del cuerpo, los cuales desencadenan las acciones requeridas. Pág. 9.

convivir: vivir en compañía de otro u otros. Pág. 166.

convulsión: violenta agitación del cuerpo o de los miembros causada por contracciones musculares incontrolables. Pág. 131.

coordinador: que *coordina,* hace que las partes de algo funcionen juntas en secuencia o a la vez unas con otras. Pág. 19.

cosa habitual: algo que se espera como consecuencia del curso u orden natural de las cosas. Pág. 160.

cósmica, elección: *cósmico* significa perteneciente o relativo al mundo o universo considerado como un sistema ordenado y armonioso. *Elección* significa el acto o facultad de escoger, como la elección de Dios de los individuos que disfrutarán del favor o la salvación. De ahí, *elección cósmica* significa la selección o designación de alguien o algo por un ordenado sistema universal o poder superior, a menudo con una finalidad o propósito en mente. Pág. 10.

costa, a toda: sin limitación en el gasto o en el trabajo requeridos; a pesar de cualquier pérdida o cosa que ocurra. Pág. 81.

Cristo, a imagen y semejanza de: que se asemeja a las características representativas de Jesucristo, como la honestidad, integridad, verdad, coraje, paciencia, compasión, etc. Pág. 81.

crónicamente: de manera que dura mucho tiempo o que a menudo vuelve a aparecer. Pág. 20.

crónico: duradero o que ocurre continuamente, como una enfermedad, o cualquier otra condición médica o de otro tipo. Pág. 49.

cuanto a, en: en relación con; con referencia a. Pág. 10.

cuenta, tomar en: considerar junto con otros factores antes de observar algo, tomar una decisión o adoptar una acción. Pág. 97.

cuestionable: de naturaleza o clasificación inciertas. Pág. 54.

cuidados clínicos: acciones o ejemplos de proporcionar asistencia, ayuda y servicios (como durante el parto). Pág. 160.

culminar: finalizar o llegar a una fase final; resultar en algo, a menudo con el sentido de haber alcanzado un momento más intenso o decisivo en el desarrollo o resolución de algo. Pág. 1.

curación por la fe: curación que se efectúa mediante la oración o la fe religiosa. Pág. 166.

curar: acción de resolver un problema o tratar con una situación de forma que se rectifique (reajuste, remedie) o elimine. Pág. 7.

curso de, en el: mientras se hace algo; durante el progreso o la duración de ello. Pág. 69.

dañino: que causa daño o lesión; perjudicial. Pág. 54.

de ahí que: por esta razón; como resultado. Pág. 20.

de alguna forma: de una manera no especificada; de algún modo. Pág. 108.

debida: tanta como haga falta; suficiente; adecuada. Pág. 94.

decimal: que usa el número diez como base y cuenta u ordena en unidades de diez o relativo a un sistema organizado de esta manera. Por ejemplo, 2.1, 2.2, 2.3, 2.4, 2.5, 2.6, 2.7, 2.8, 2.9, 3.0 está basado en un sistema decimal, puesto que hay diez números que contar ascendiendo desde 2.0 a 3.0. Pág. 60.

deducir: formar una conclusión a partir de cosas ya observadas o conocidas. Pág. 26.

deísmo: creencia en Dios basada en la razón más que en la revelación (una demostración o manifestación de una verdad divina), y que implica la visión de que Dios ha puesto en marcha el universo y sus leyes pero no interfiere con él ni con el funcionamiento de esas leyes. El deísmo fue especialmente influyente en los siglos XVII y XVIII. Pág. 8.

delimitado: que tiene sus límites determinados o fijados con precisión, como con fronteras o límites específicos. Pág. 25.

delinear: describir o explicar en detalle; trazar con precisión. Pág. 8.

delirante: furioso; frenético e irracional. Pág. 94.

delusión: creencia u opinión falsa persistente que se resiste a la razón y a la confrontación con los hechos reales. Pág. 72.

de manera uniforme: constantemente; sin variación o alteración; invariablemente. Pág. 17.

denotar: significar; querer decir; referirse a algo o ser una marca o signo de algo; indicar. Pág. 11.

deplorable: caracterizado por circunstancias severas, serias o desesperadas; muy malo. Pág. 107.

depresivo: que causa o tiende a causar *depresión,* un descenso o disminución del ánimo de uno, de sus esperanzas, etc. Pág. 110.

derecho innato: derecho o derechos que una persona tiene por el simple hecho de haber nacido, como en un cierto grupo, familia, nación, etc. Pág. 110.

derivación: acción de sacar (una conclusión, respuesta, etc.) de una fuente. También, la acción de llegar a algo mediante el razonamiento. Pág. 8.

desajustes: incapacidades para ajustarse a las exigencias del entorno, las relaciones interpersonales y las tensiones de la vida diaria. Pág. 48.

desamontonar: literalmente, deshacer un montón de cosas puestas sin orden unas encima de otras, una por una. Se usa en sentido figurado. Pág. 158.

desarrollar: 1. Elaborar, en especial mediante la experiencia, la experimentación o un esfuerzo o aplicación intensivos. Pág. viii.
2. Solucionar, resolver mediante cálculo y razonamiento, como en: *"Hay cinco maneras en las que puede desarrollar soluciones con respecto a ese dolor"*. Pág. 115.

desarrollarse: presentarse o revelarse en etapas sucesivas; desplegarse, como en: *"Cuando se localiza y se desarrolla un engrama"*. Pág. 59.

descartar: rechazar algo como no pertinente o no valioso (para un propósito concreto). Pág. 68.

descompuesto: en mal estado de funcionamiento; desordenado; desarreglado. Pág. 17.

descoordinado: que ya no está coordinado; que se ha causado o hecho que no tenga coordinación. *Coordinado* quiere decir que las partes de algo funcionan junto con otras en una secuencia o en el tiempo; *des-* significa no, o lo contrario de alguna acción. Pág. 19.

descorazonador: que deprime las esperanzas, el coraje o el ánimo de alguien; desalentador. Pág. 141.

descuidado: que no presta atención ni cuidado; que no tiene interés en algo ni se preocupa por ello; que no pone cuidado. Pág. 69.

desglosar: descomponer en elementos o partes separadas; analizar. Pág. 1.

deshacerse: quitarse cosas que son innecesarias o indeseadas como eliminándolas, librándose uno de ellas, etc. Pág. 73.

desintegrado: que tiene poca o ninguna *integración,* la organización de varios rasgos, sentimientos, actitudes, etc., en una personalidad o un todo coordinado, armonioso. Pág. 127.

despegue: una separación o división. Pág. 174.

desplegarse: ponerse en funcionamiento; desarrollar (fuerza, poder o esfuerzo). Pág. 94.

desvanecerse: las palabras *desvanecido* o *borrado,* cuando se aplican a un engrama que se ha tratado, significan que el engrama ha desaparecido del banco de engramas. No se le puede encontrar a partir de ahí excepto por medio de la memoria estándar. Pág. 46.

desviación: acción de apartarse de algo, como del comportamiento, de la conducta, etc., que se considera ideal. Pág. 34.

desviación, circuito de: alusión a un camino por el que se dirige parte de una corriente eléctrica o toda ella evitando uno o más elementos de un circuito. Se usa para describir algo similar en la mente. Pág. 66.

determinismo: la acción de causar, afectar o controlar. Pág. 19.

"determinismo automático", doctrina del: creencia de que la acción, el pensamiento, la imaginación, la creatividad, etc., están causados por estímulo-respuesta; es decir, que un cierto estímulo (algo que excita la actividad en una persona o que produce una reacción en el cuerpo) da automáticamente una cierta respuesta. Esta doctrina fue personificada por Ivan Petrovich Pavlov (1849–1936), psicólogo ruso, famoso por sus experimentos con perros. Pavlov le enseñaba comida a un perro, mientras hacía sonar una campana (que también es un estímulo). Después de repetir este proceso varias veces, el perro (anticipadamente) segregaba saliva al hacerse sonar la campana, tanto si había comida como si no. Pavlov concluyó que todos los hábitos adquiridos por el Hombre, incluso sus actividades mentales superiores, dependían de tales reflejos condicionados. Pág. 130.

detrimento: perjuicio, desventaja o daño. Pág. 100.

diagnóstico: que identifica o se usa para identificar; se usa en la *diagnosis,* el proceso de determinar mediante examen la naturaleza, causa o circunstancias de algo. Pág. 45.

Dianética: término derivado de la palabra griega para pensamiento: *dianoia.* Término empleado para abarcar la ciencia del pensamiento y para incluir una familia de subciencias mediante las cuales el individuo y las actividades colectivas de la Humanidad se pueden comprender, predecir y mejorar. (Del *Glosario de LRH*). Pág. vii.

Dianética Dinámica: la ciencia de las dinámicas básicas del individuo y su personalidad básica. En el momento de este escrito, la rama de Dianética que más intensamente está siendo observada e investigada es esta. (Del *Glosario de LRH*). Pág. 17.

Dianética Irregular: rama de Dianética que incluye los axiomas y procesos de la ciencia que se ocupa del tratamiento de la mente aberrada, incluyendo todas las técnicas

NECESARIAS PARA EL ALIVIO O LA CURA DE TALES ABERRACIONES Y DE ESTABLECER UN Tono 4 EN EL INDIVIDUO. No ABARCA EL ESTUDIO DE QUIENES ESTÁN DEMENTES A CAUSA DE DEFICIENCIAS ANATÓMICAS O LESIONES. Estos SON TEMA DE INVESTIGACIÓN BAJO Dianética Dinámica. (Del *Glosario de LRH*). Pág. vii.

Dianeticista: AUDITOR DE LA TERAPIA DE Dianética. (Del *Glosario de LRH*). Pág. 182.

Dickens: alusión a las obras del escritor inglés Charles Dickens (1812–1870), que fue famoso por crear un amplio abanico de personajes cómicos, agradables y villanos. Pág. 73.

dictados: principios o reglas rectoras que rigen el comportamiento de uno. Pág. 106.

diluir: en sentido literal, hacer menos espeso o concentrado, como añadiendo agua. De ahí, reducir o disminuir la fuerza, el vigor, la pureza o la brillantez de algo, especialmente mezclándolo con alguna otra cosa. Pág. 7.

Dinámica: EL EMPUJE DINÁMICO DE UN INDIVIDUO, UNA ESPECIE O UNA UNIDAD DE MATERIA O ENERGÍA, DENTRO DEL TIEMPO Y EL ESPACIO. Especialmente DEFINIDA PARA EL PROPÓSITO DE Dianética COMO "¡Sobrevive!". (Del *Glosario de LRH*). Pág. 11.

dinámico: del griego: *dynamikos,* potente. De ahí, fuerza (de la existencia o la vida) que motiva o energiza; como en: *Principio Dinámico de la Existencia.* Pág. 1.

discrepancias: diferencias entre cosas que deberían corresponder o concordar. *"Discrepancias de conducta"* serían acciones o comportamientos que no concordaban o no eran coherentes con la situación o condición en la que una persona se encontraba. Pág. 143.

disimulación: el acto de disfrazar u ocultar la verdad de algo bajo una falsa o fingida apariencia, afirmación, etc. Pág. 116.

disiparse: empezar a eliminarse, como si desapareciera gradualmente. Pág. 96.

Dispersión: LA ACCIÓN DE UNA DINÁMICA O PROPÓSITO AL ENCONTRAR UN ENGRAMA. Se PUEDE DESCRIBIR POR ANALOGÍA A UN CHORRO DE ELECTRONES QUE GOLPEA UN OBSTÁCULO Y SE PULVERIZA A SU ALREDEDOR, MUCHO MÁS DEBILITADO. (Del *Glosario de LRH*). Pág. 49.

dispersión: el acto o proceso de desperdigarse o salir en diferentes direcciones. Pág. 22.

distar: ser notablemente distinto de otra cosa. Pág. 166.

DISTORSIONAR: DEFORMAR, DESVIAR DE SU CONDICIÓN, RUMBO, O DIRECCIÓN NATURAL. Pág. 106.

divergencia: diferencia entre dos o más cosas. Pág. 174.

doctrina: principio, posición o política particulares que enseñan o propugnan algunos grupos políticos, científicos o filosóficos. Pág. 130.

doctrina del "determinismo automático": creencia de que la acción, el pensamiento, la imaginación, la creatividad, etc., están causados por estímulo-respuesta; es decir, que un cierto estímulo (algo que excita la actividad en una persona o que produce una reacción en el cuerpo) da automáticamente una cierta respuesta. Esta doctrina fue personificada por Ivan Petrovich Pavlov (1849–1936), psicólogo ruso, famoso por sus experimentos con perros. Pavlov le enseñaba comida a un perro, mientras hacía sonar una campana (que también es un estímulo). Después de repetir este proceso varias veces, el perro (anticipadamente) segregaba saliva al hacerse sonar la campana, tanto si había comida como si no. Pavlov concluyó que todos los hábitos adquiridos por el Hombre, incluso sus actividades mentales superiores, dependían de tales reflejos condicionados. Pág. 130.

dolencia: enfermedad. También, una condición o situación que es indeseable y malsana y que requiere un remedio. Pág. 107.

dormitar: estar en un estado de somnolencia o inactividad. Pág. 158.

dramatis personae: en Dianética, alude a la gente que está presente en un engrama. *Dramatis personae* es una expresión en latín y significa literalmente la gente (o personas) de un drama; se usa para referirse a los actores (o personajes) de un drama u obra de teatro o los que son parte de un acontecimiento real. Pág. 148.

dramatización: actuación, acción de expresarse uno mismo de una manera dramática. De ahí, una *dramatización destructiva* es la representación de una experiencia destructiva contenida en la mente reactiva. La dramatización se describe más plenamente en el Capítulo Dieciséis, Dramatización. Pág. 34.

drenaje: acto o proceso de *drenar,* extraer o vaciar por completo. Pág. 53.

ecuación: término matemático que muestra que dos cosas son del mismo valor o iguales entre sí. También, por extensión, cualquier situación o problema con diversos factores variables que se han calculado y demostrado con precisión matemática. Pág. viii.

educativo: relativo a la *educación,* proceso de adiestrar y desarrollar el conocimiento, la destreza, la mente, el carácter, etc. Pág. 26.

eidético: relativo a las imágenes visuales rememoradas o reproducidas que son vívidas y verosímiles con una precisión casi fotográfica. Pág. 97.

ejercer: poner en efecto algo como una fuerza o influencia, especialmente con un esfuerzo sostenido y duradero. Pág. 40.

elección cósmica: *cósmico* significa perteneciente o relativo al mundo o universo considerado como un sistema ordenado y armonioso. *Elección* significa el acto o facultad de escoger, como la elección de Dios de los individuos que disfrutarán del favor o la salvación. De ahí, *elección cósmica* significa la selección o designación de alguien o algo por un ordenado sistema universal o poder superior, a menudo con una finalidad o propósito en mente. Pág. 10.

elección, poder de: habilidad o capacidad para determinar o decidir algo (como un curso de acción). Pág. 113.

electrochoque: descarga de entre 180 y 460 voltios de electricidad a través del cerebro, de sien a sien, o desde la frente hasta la parte de atrás de uno de los lados de la cabeza. Provoca una severa convulsión (agitación incontrolable del cuerpo) o ataque (inconsciencia e incapacidad de controlar los movimientos del cuerpo) de larga duración. Pág. 54.

electrones: diminutas partículas con carga negativa que forman parte de todos los átomos. Pág. 107.

elevar(se): subir a una posición o nivel más alto. Pág. 96.

E-Metro: instrumento diseñado especialmente, que usan los auditores entrenados. El nombre completo es electropsicómetro, del latín *electro,* electricidad, *psique,* alma y *metro,* medida. Se trata de un dispositivo electrónico para medir el estado mental o cambio de estado del *Homo sapiens.* No es un detector de mentiras. No diagnostica ni cura nada. Lo usan los auditores para ayudar al preclear a localizar áreas de angustia o tribulación espirituales.

empuje: movimiento (vigoroso o de otro modo) en una dirección generalmente específica; fuerza enérgica, impulsora y vital que se considera que se mueve hacia delante, como en: *"El empuje dinámico del individuo".* Pág. 13.

encaprichamiento: pasión (sentimiento, emoción o amor intenso), a menudo temporal e irracional, hacia algo o alguien. Pág. 82.

encargado: que se le ha dado una responsabilidad o deber; se le ha confiado una tarea, como en: *"Está* [la mente analítica] *encargada del mando de las dinámicas".* Pág. 114.

encefalógrafo: instrumento para medir y grabar la actividad eléctrica del cerebro. Pág. 88.

en el curso de: mientras se hace algo; durante el progreso o la duración de ello. Pág. 69.

energías comparativas: alusión al hecho de que si una entidad o cosa tiene más energía en comparación con otra, será más fuerte, más potente, de mayor intensidad, etc., que la cosa de menor energía. *Energía* se usa aquí en el sentido físico, la capacidad que algo tiene de actuar o moverse. Pág. 118.

ENGRAMA: UN PERIODO DE DOLOR FÍSICO QUE INCLUYE INCONSCIENCIA Y ANTAGONISMO EXPERIMENTADO POR UN INDIVIDUO, GRUPO O SOCIEDAD Y QUE PERMANECE DESPUÉS COMO DRAMATIZACIONES IRRACIONALES Y REESTIMULABLES. (Del *Glosario de LRH*). Pág. 36.

ENGRAMA BÁSICO: *BÁSICO* ALUDE AQUÍ AL PUNTO DE COMIENZO DE ALGO. EL ENGRAMA BÁSICO ES EL PRIMER ENGRAMA, O EL MÁS ANTIGUO, QUE HA RECIBIDO UN INDIVIDUO, COMO EN: *"EL PRIMER PROBLEMA DEL AUDITOR ES DESCUBRIR EL* ENGRAMA BÁSICO*".* Pág. 49.

ENGRAMA CANDADO: ENGRAMA, SEVERO DE POR SÍ, SUBSIGUIENTE A UN ENGRAMA BÁSICO EN CUALQUIER CADENA DE ENGRAMAS. (Del *Glosario de LRH*). Pág. 139.

ENGRAMA CRUZADO: SEVERA EXPERIENCIA ENGRÁMICA EN LA QUE DOS CADENAS DE ENGRAMAS SE HAN ENCONTRADO, CAUSANDO UN MARCADO CAMBIO EN LA VIDA DEL INDIVIDUO. ESTE ES UN ENGRAMA QUE ESTÁ EN LA LÍNEA TEMPORAL DE CADA UNA DE DOS O MÁS CADENAS. (Del *Glosario de LRH*). Pág. 142.

engrama de ayuda: engrama que tiene un contenido "halagador" que puede causar un estado maníaco (de una excitabilidad anormal, exagerados sentimientos de bienestar, etc.). El engrama de ayuda se describe más a fondo en el Capítulo Dieciséis, Dramatización. Pág. 150.

ENGRAMA DE RUPTURA: ENGRAMA CANDADO TRAS CUYA RECEPCIÓN EL INDIVIDUO EXPERIMENTA UN DESCENSO DE SU TONO GENERAL A 2.5 Ó POR DEBAJO Y POR TANTO SE VUELVE INCAPAZ DE ARREGLÁRSELAS CON SU ENTORNO. (Del *Glosario de LRH*). Pág. 182.

en otras palabras: puesto de otro modo; expresado de otra manera; utilizado a menudo para introducir una explicación de algo y generalmente de un modo más simple. Pág. 26.

en primer lugar: primeramente; primero en orden. La frase se usa para dar un hecho o una razón de importancia primordial que demuestra o refuerza lo que se está declarando. Pág. 79.

enredar: 1. Causar que algo se meta en problemas, confusiones, complicaciones, etc. Pág. 26.
2. Liar en una masa confusa, como en referencia a hilos, cuerdas o algo similar, de modo que sea muy difícil deshacer el lío. Pág. 181.

entidad formada por percépticos: paquete independiente de percepciones recibidas, como el olor, el sabor, la vista, el sonido, el tacto, etc. Pág. 39.

entidades: cosas (o seres) que tienen una identidad o existencia real, separada o independiente; cosas que existen como una unidad concreta. Pág. 13.

entregarse: dar vía libre a algo; permitir que suceda algo sin restricciones. Pág. 68.

equivalente: algo que corresponde o que se parece mucho a otra cosa, como en forma o función. Pág. 39.

erradicar: quitar o eliminar algo completamente. Pág. 69.

escala graduada: escala de condición por grados que van desde cero hasta infinito. La palabra *graduada* se refiere a la disminución o el aumento en grados de una condición. La diferencia entre un punto y otro en una escala graduada podría ser tan diferente o tan amplia como el rango entero de la propia escala, o podría ser tan diminuta como para requerir el discernimiento (capacidad para percibir diferencias) más minucioso para su determinación. Pág. 59.

escáner: dispositivo que pasa un rayo por una pantalla para mostrar una imagen. *Véase también* **mecanismo de escaneo**. Pág. 40.

escrutinio: inspección o examen detallados; estudio o investigación minuciosos. Pág. 85.

escuela: grupo de personas que han sido enseñadas o que siguen a un maestro concreto y que están asociadas o unidas por unos principios, creencias, métodos, etc., comunes. Pág. 7.

es decir: frase utilizada para introducir una reformulación más clara, más comprensible de lo que va justo antes, ya sea para limitarlo o modificarlo. Pág. 20.

esencia, en: básicamente o fundamentalmente. Pág. 34.

espaciar: situar o disponer en intervalos o distancias precisas. Pág. 68.

especialización: adaptar (piezas, órganos, etc.) para un uso, necesidad o entorno especiales. Pág. 8.

especie: grupo o clase de animales o plantas que tienen ciertas características comunes y permanentes que claramente las distinguen de otros grupos y que pueden criar entre sí, como los tigres, los conejos, las ardillas, etc. Pág. 8.

especie, la: la especie humana. Pág. 9.

espiritismo: doctrina, creencia o práctica de que los espíritus de los muertos pueden comunicarse y se comunican con los vivos, especialmente a través de una persona (médium). Pág. 8.

esporádico: que sucede de tiempo en tiempo; inconstante o irregular; ocasional. Pág. 150.

esquivar: escapar, evitar o evadir, como con rapidez, engaño, etc. Pág. 54.

está, claro: expresión que se usa para señalar una posibilidad que alguien podría no haber considerado, como en: *"A menos, claro está, que descanse sobre un engrama anterior"*. Pág. 44.

estático: fijo, estacionario, sin cambio. Pág. 174.

estímulo: cualquier acción o agente que causa o cambia una actividad en un organismo, órgano o parte, como algo que inicia un impulso nervioso, activa un músculo, etc. Pág. 113.

estipulación: condición, cualificación o limitación; cláusula. Pág. 20.

estrato: un nivel, como en un orden o disposición escalonados. Pág. 113.

euforia: sentimiento de bienestar o felicidad, en especial el que no tiene motivo razonable o es inapropiado a las circunstancias del momento. Pág. 121.

eugenésico: relativo a la *eugenesia,* el estudio o creencia en la posibilidad de mejorar una especie (o población) mediante la erradicación de rasgos hereditarios considerados indeseables. Pág. 107.

evaluar: considerar o examinar algo para juzgar su importancia, extensión, calidad o condición. Pág. 8.

evolución: idea de que todas las cosas vivas evolucionaron a partir de organismos simples y cambiaron a través de las eras para producir millones de especies diferentes; la teoría de que el desarrollo de una especie u organismo desde su estado original o primitivo hasta su estado presente incluye la adaptación (forma o estructura modificada para adaptarse a un entorno modificado). Pág. 10.

evolucionar: desarrollarse a partir de una forma biológica anterior o dar lugar a una característica de esta manera. Pág. 1.

exagerado: que se hace más destacado o notable de lo que es usual o deseable. Pág. 70.

excentricidades: desviaciones de lo que es normal o acostumbrado, como en cuanto a conducta o modales; rarezas. Pág. 73.

exhaustivo: que no deja ninguna parte sin examinar o considerar; completo; minucioso. Pág. viii.

explicar: dar una razón satisfactoria para algo. Pág. 26.

expresar emociones: manifestar alguna emoción. Pág. 95.

extendido: que existe ampliamente o que se practica de modo general. Pág. 157.

extremista: persona que muestra un excesivo entusiasmo hacia una causa, en especial una causa religiosa. Pág. 150.

faceta: cualesquiera de las partes o lados de algo; aspecto particular de una cosa. Pág. 11.

faltar a la palabra: incumplir una promesa o la palabra que uno mismo ha dado, o actuar contrariamente a ella, como en: *"El auditor tiene que ser* digno de confianza, *no traicionando nunca a un preclear ni negándole algo caprichosamente, y por encima de todo, nunca faltando a la palabra dada al preclear"*. Pág. 81.

fanático: persona caracterizada o motivada por un entusiasmo extremado, irrazonable, como a favor de una causa. Pág. 150.

fantasmal: algo que tiene apariencia irreal o es un objeto insustancial (no sólido); que tiene una imagen difusa. También, cualquier cosa insustancial o irreal, aunque tenga una apariencia engañosa de realidad. Pág. 72.

fenomenalmente: en un grado impresionante; extraordinariamente. Pág. 166.

fenómeno: cosa que aparece, se percibe u observa; hecho, suceso o cambio concreto tal como se percibe por cualquiera de los sentidos o la mente; se aplica principalmente a un hecho concreto o suceso cuya causa o explicación está bajo observación o se está describiendo de modo científico. Pág. 47.

feto: ser humano no nacido que todavía está en la matriz, desde el segundo mes de embarazo hasta el nacimiento. Pág. 47.

filosofía: 1. Rama del conocimiento o del estudio dedicada al examen sistemático de conceptos básicos como la verdad, la existencia, la realidad y la libertad. Pág. 1.
2. Sistema de conceptos o principios que inspiran a alguien y de acuerdo a los cuales vive una persona. Pág. 26.

final, al: al cabo de algún tiempo; finalmente. Pág. 59.

finito: 1. Sujeto a limitaciones o condiciones, como las del espacio, el tiempo, las circunstancias y las leyes del universo físico. Pág. 8.
2. Fijo, determinado o definido, como en: *"El porqué de la meta puede que se encuentre por encima de la línea finita. Pero por debajo de ella (delimitadas por la palabra '¡Sobrevive!') se pueden ver manifestaciones claramente definidas".* Pág. 25.

fisio-animal: de *fisio,* que significa físico, o del cuerpo, y *animal,* organismo viviente que se distingue de las plantas por su movimiento independiente y órganos sensoriales que responden bien. De ahí, *fisio-animal,* perteneciente o relativo al cuerpo o a las partes físicas de un organismo inferior al del Hombre. La mente fisio-animal se describe completamente en el Capítulo Dos, Una Analogía de la Mente. Pág. 18.

fisiología: funciones y actividades de los organismos vivientes y de sus partes, incluyendo todos los procesos físicos y químicos. Pág. 11.

fisiológicas: pertenecientes o relativas a la *fisiología,* las funciones y actividades de los organismos vivientes y de sus partes, incluyendo todos los procesos físicos y químicos. Pág. 17.

flagrante: tan evidente que no se necesitan pruebas; obvio; que salta a la vista. Pág. 73.

flanco: el lado más extremo, a la izquierda o derecha, de una formación del ejército o de la marina, etc. Atacar a un enemigo por el flanco significa atacarlo por un lado, lo cual es una táctica militar usual, pues por lo general se trata de un punto débil en su defensa. Pág. 95.

forma unitaria, en una: configurado o dispuesto como una *unidad,* algo que es único y completo o que actúa como un todo independiente. Pág. 10.

formular: desarrollar o formar en su propia mente; concebir o desarrollar como método, sistema, etc. Pág. 1.

francos, para ser: honestamente; dicho sin rodeos. Pág. 110.

fraseo: modo en que se usan las palabras y frases; la selección y disposición de las palabras. Pág. 70.

fraseología: charla, discusión, habla, asociada con una situación o grupo de personas concreto. Pág. 107.

frenético: caracterizado por excitación, actividad o agitación intensas, a veces acompañada de rápidos movimientos. Pág. 150.

frustrar: dejar sin efecto, malograr un intento. Pág. 13.

fuera de circuito: en electricidad, un *circuito* es un camino completo que recorre una corriente eléctrica y que lleva a cabo una acción concreta, como suministar electricidad a un bombillo. Cuando algo se pone *fuera de circuito,* eso se saca del camino de la corriente eléctrica y así del funcionamiento de ese circuito, y deja de estar en funcionamiento. Pág. 22.

fuera de sí: desde dentro y hacia afuera; indica algo que es eliminado de algún sitio, como en: *"El analizador es bastante diestro en expulsar fuera de sí información errónea"*. Pág. 116.

fuerza de voluntad: capacidad de una persona para superar obstáculos o dificultades o para cumplir con sus obligaciones; fuerza de la voluntad, de la mente o determinación; autocontrol. Pág. 34.

funcional: 1. Que logra lo que se desea; efectivo, como en: *"Como esta es aparentemente la solución más funcional, la selección natural preserva de la mejor manera a aquellas especies que siguen esta regla funcional"*. Pág. 10.
2. Lo que hace falta para un uso práctico y aplicación de algo, como en: *"Esto es una parte indispensable del conocimiento funcional del auditor"*. Pág. 34.

fusible: dispositivo para proteger del choque, la sobrecarga, etc. Del campo de la electricidad, en el que se introduce en un circuito eléctrico una tira de metal que se derrite fácilmente, la cual se funde (o "salta") y así interrumpe el flujo eléctrico para impedir que se produzcan daños si la corriente eléctrica siguiera aumentando más allá de un determinado nivel de seguridad. Pág. 22.

generar: producir; causar que algo ocurra o que exista. Pág. 116.

genético: que tiene que ver con los *genes,* las unidades básicas del cuerpo físico capaces de transmitir características de una generación a la siguiente. Pág. 156.

glándula: masa de células o un órgano en el cuerpo que segrega sustancias químicas específicas para su uso en el cuerpo. Por ejemplo, las glándulas suprarrenales (las colocadas encima del riñón) producen adrenalina, una hormona que se vierte en el torrente sanguíneo en respuesta a la tensión física o mental, como ante el miedo o una lesión. Inicia muchas respuestas del cuerpo, incluyendo la estimulación de la acción cardíaca y una subida de la presión sanguínea. Pág. 66.

glandular: relativo a las glándulas. *Véase también* **secreción glandular.** Pág. 1.

gradación: cualquier cambio o proceso que tiene lugar mediante grados o en una serie de etapas o simplemente de forma gradual. Pág. 13.

grado: paso en una escala, como de calidad, valor o cantidad. Por ejemplo, de primer grado sería lo mejor o máximo de algo. Algo de segundo grado sería menos, y algo de tercer grado se consideraría mucho menos. Pág. 9.

habilidad artística: destreza o capacidad creativa. Pág. 34.

heredero: alguien a quien se transmite algo, como una tradición o cultura, un talento natural o una cualidad del carácter; normalmente por herencia de sus ancestros. Pág. 10.

heurístico: que se basa en experimentación, evaluación o métodos de ensayo y error; que implica investigación y conclusiones basadas en una funcionalidad invariable. Pág. 1.

hipnosis: condición similar al sueño que se puede inducir artificialmente en una persona por otra y en la cual esta puede responder a preguntas y es muy susceptible a las sugestiones. Pág. 47.

hipotético: basado en algo que se acepta, asume o se supone de manera provisional para proporcionar una base para alguna acción, creencia, etc. Pág. 89.

histeria: estado de emoción extrema o exagerada, tal como la excitación o el pánico. Pág. 68.

Hombre: la especie humana; la Humanidad. Pág. 1.

hombre: un ser humano, sin importar su sexo o edad; una persona. Pág. 13.

hormonas: sustancias químicas segregadas por las glándulas o tejidos en el cuerpo que regulan el crecimiento y desarrollo, controlan la función de varios tejidos, apoyan las funciones reproductivas, y regulan el metabolismo (proceso usado para descomponer la comida y crear energía). Pág. 47.

horrorizarse: llenarse de horror y espanto o verse superado por estos. Pág. 159.

huir (de algo): evitar (algo) deliberada e intencionalmente. Pág. 69.

hundirse: descender de tono. Pág. 104.

identidad: las características y cualidades de una persona o cosa concreta; individualidad. Pág. 40.

identificativo: que tiene una igualdad exacta en las cualidades o características; equivalente o igual. *Pensamiento identificativo* es A=A=A. El pensamiento identificativo se describe más a fondo en el Capítulo Ocho, El Carácter de los Engramas. Pág. 66.

ilusión: percepción que representa lo que se percibe de modo diferente a como es en realidad. Pág. 72.

ilustración: algo que arroja luz sobre algo, lo aclara o lo explica (como mediante ejemplos, comparaciones, etc.). Pág. 113.

implantado: fijo, establecido o grabado de manera segura, como en la mente o la consciencia. Pág. 42.

impulso: deseo interior que estimula la actividad; energía e iniciativa. Pág. 10.

impunidad: condición de estar libre de castigo o daño. Pág. 166.

inagotable: que no se puede drenar completamente. Pág. 42.

inanimado: carente de las cualidades asociadas con los organismos vivientes y activos; sin vida. Pág. 10.

incapacidad: imposibilidad de ejercer una ocupación o prestar servicios remunerados durante un periodo de tiempo a causa de problemas físicos, como una lesión laboral, en tiempos de guerra, etc. Pág. 1.

incapacitante: que priva de la capacidad o aptitud necesarias para algo. Pág. 68.

incidir: ponerse en contacto con algo; tener efecto o impacto sobre ello. Pág. 108.

incondicionalmente: de manera que no se ve afectada por ninguna duda o incertidumbre. Pág. 128.

Inconsciencia: periodo de cese de actividad por parte de la mente analítica únicamente. La mente reactiva está activa y consciente en la mayor parte de su ser, en todos los grados de la vida, sin importar cuán cerca de la muerte esté. (Esta es una condición del individuo completo únicamente en la muerte). (Del *Glosario de LRH*). Pág. 19.

incredulidad: cualidad de ser incapaz de creer algo o renuente a ello. Pág. 117.

incumbencia: lo que se tiene como deber u obligación. Pág. 114.

indemnización: dinero pagado como equivalente o para compensar una pérdida, daño, desempleo a causa de una lesión, etc. Un *pago único recibido como indemnización por incapacidad física,* sería una prestación o entrega de dinero que recibe alguien para compensarlo por su imposibilidad de trabajar o hacer sus deberes, como por una lesión recibida en tiempo de guerra. Pág. 1.

indiferencia: estado de ánimo de una persona que no tiene preocupación, ni sentimiento de ansiedad acerca de algo. Pág. 59.

indiscriminado: sin elecciones o distinciones cuidadosas; carente de capacidad selectiva. Pág. 67.

indispensables, servicios: algo que es necesario y sin lo que uno no puede vivir, como el aire, la comida, el agua, etc.; también una compulsión o necesidad irreprimible de hacer algo. Pág. 116.

inducir: producir, causar, dar lugar a algo. Pág. 116.

inequívoco: explícitamente expuesto; expresado sin condiciones; incuestionable. Pág. 65.

infeccioso: que produce *infección,* la reproducción y generalización (difusión) de gérmenes o bacterias en el cuerpo. Pág. 47.

infiltrar: (dicho de algo nocivo) penetrar o entrar en un área, sustancia, grupo, etc., como difundiéndose sobre ellos o pasando dentro. Pág. 148.

infligir: causarle a alguien cosas como dolores, heridas, etc. Pág. 130.

informática: conjunto de conocimientos científicos y técnicas que hacen posible el tratamiento automático de la información por medio de ordenadores.

infructuoso: que no produce efecto o resultado; inútil. Pág. 97.

inherente: que existe en algo o alguien como una cualidad o característica natural e inseparable. Pág. 27.

inmediato, de tipo: estado o cualidad de ser *inmediato,* que ocurre o responde instantáneamente y sin retraso. Pág. 114.

inmensamente: de forma demasiado grande o en demasiada cantidad para ser medido; de forma enorme. Pág. 69.

inmortalidad: vida o existencia sin fin. Pág. 9.

innato: relativo a las cualidades con las que nace una persona. Pág. 48.

innoble: bajo en escala o rango. Por tanto, que no tiene o que muestra poca decencia y honor, falto de valores más elevados. Pág. 132.

inocuo: que no hace daño; inofensivo. Pág. 167.

insensatez: acción, práctica, idea, etc., estúpida o insensata. Pág. 151.

integración: la organización de varios rasgos, sentimientos, actitudes, etc., en una personalidad o en un todo coordinado, armonioso. Pág. 33.

intimidar: imponer o inhibir alguna acción mediante el miedo (a las acciones o la personalidad de algún otro, etc.). Pág. 81.

intrincada: que tiene muchas partes, fases, patrones o elementos interrelacionados, entremezclados o entretejidos. Pág. 19.

introvertir(se): hacer que la mente o pensamiento se vuelva sobre sí mismo. Pág. 67.

inversa, polaridad: aquella cualidad o condición de un cuerpo físico o un sistema que manifiesta propiedades opuestas o en contraste, como en un imán, donde un extremo es positivo y el otro negativo. Se concibe que uno de los extremos es el inverso de lo que es el otro. Así, *polaridad inversa* se refiere a un estado en el que un objeto, condición, etc., tiene una característica, fuerza, etc., opuesta a alguna otra cosa. Pág. 121.

irrazonada: hecha sin juicio; falta de sentido racional o lógico. Pág. 148.

laberinto: cualquier sistema complejo o disposición de cosas que causan perplejidad o confusión debido a su complejidad. Pág. 117.

lacerar: herir, lastimar o magullar. Pág. 156.

latigazos del cable que hace girar el taladro: alusión al sonido hecho por las correas (cables) de un taladro de dentista. El taladro está conectado a un motor a través de una serie de cintas (o cables) que a veces hacen un sonido de chasquido o latigazo al golpear el brazo de metal al que están fijados. Pág. 45.

letra, al pie de la: palabra por palabra; exactamente con las mismas palabras. Pág. 172.

ley: declaración de un hecho, basada en la observación de que un fenómeno (suceso, circunstancia o experiencia perceptible) particular, natural o científico, siempre ocurre si están presentes ciertas condiciones. Pág. 1.

Ley Primaria: *primaria* significa primera en orden, rango o importancia; cualquier cosa de la que otra surge o se deriva. *Ley* es una declaración de un hecho, basada en la observación, de que un fenómeno (suceso, circunstancia o experiencia perceptible) natural o científico en concreto siempre ocurre si están presentes ciertas condiciones. En Dianética, la *Ley Primaria* se refiere al primer axioma, el Principio Dinámico de la Existencia: "¡Sobrevive!", como se describe en el Capítulo Uno de este libro. El principio apareció por primera vez en una obra previa no publicada, *Excalibur,* escrita por L. Ronald Hubbard en 1938. Pág. 1.

liberar: literalmente la acción de desligar algo de sus ataduras o trabas. De ahí, en sentido figurado, calmar, aliviar o eliminar la fuerza o el efecto de algo. Pág. 44.

libido: *(psicoanálisis)* supuesta manifestación del impulso sexual, específicamente como la contempló Sigmund Freud (1856–1939) que lanzó la teoría de que la energía o los impulsos que motivan el comportamiento son mayoritariamente de origen sexual. Pág. 48.

ligado: concurrente con algo o que sucede como consecuencia de ello. Pág. 27.

limpiar: hacer que los engramas, candados, cadenas, etc., se borren o eliminen de la mente reactiva. *Véase también* **clearing.** Pág. 54.

línea: 1. Indicación de una separación identificable de cosas; frontera, como en: *"Concibiendo esta división como una línea trazada a través del área, podemos asignar un* Principio Dinámico de la Existencia *a todos aquellos datos que queden en el campo de lo Cognoscible".* Pág. 8. **2.** Dirección, curso de acción o pensamiento, esfera de actividad, como en: *"Puede entonces subdividirse específicamente en diversas líneas dinámicas según sea aplicable a cada forma o especie".* Pág. 26.

Línea Temporal: el registro de memoria de un individuo, motor o sensorial, está alineado con precisión sobre los momentos de tiempo. En un Clear, tales momentos están disponibles para la mente analítica. En un aberrado, hay áreas de la línea temporal que están oscurecidas pero la línea temporal se considera que está en perfecta condición, aunque oscurecida parcial y temporalmente. Se sospecha la existencia de dos líneas temporales: una sensorial y otra motora, estando esta

ÚLTIMA MÁS DISPONIBLE PARA EL AUDITOR EN FORMA DE SOMÁTICOS. LA LÍNEA TEMPORAL ES PRECISA, PERO CONFORME LA MENTE ANALÍTICA SE DIRIGE A ELLA EN EL ABERRADO, APARENTEMENTE DESAPARECE EN PARTE O SE ENREDA. (Del *Glosario de LRH*). Pág. 19.

llegar al extremo: adoptar una acción extrema como solución o medio de resolver una cuestión o problema, como en: *"Soluciones aberradas que pueden llegar al extremo de que"*... Pág. 27.

lobotomía prefrontal: operación psiquiátrica en la que se hacen agujeros en el cráneo, penetrando en el cerebro y cortando los accesos nerviosos a los dos lóbulos frontales, lo que da como resultado que el paciente se transforme en un vegetal a nivel emocional. Pág. 54.

lóbulo frontal: zona frontal derecha o izquierda de la parte superior del cerebro. Un *lóbulo* es una protuberancia o división redondeada, como de un órgano del cuerpo. Pág. 11.

logro: obtención de algo o llegar a ello. Pág. 7.

magnitud: cantidad o tamaño en cuanto a medida, extensión, importancia o influencia. Pág. 48.

maníaco: persona caracterizada por la *manía,* una excitabilidad anormal, sentimientos exagerados de bienestar, etc. Pág. 150.

manifestar: mostrar algo de manera tan clara que se haga evidente. Pág. 56.

mano, a: al alcance; cerca; listo para usarse. Pág. 157.

más o menos: en un grado indeterminado; en alguna medida; de algún modo. Pág. 45.

mascarilla: cubierta para la boca y la nariz, que se usa antes de las operaciones quirúrgicas para administrar una droga que la persona inhala, lo que produce insensibilidad al dolor y pérdida de consciencia, etc. Pág. 45.

mecanismo: 1. Agente o medio por el cual se produce un efecto o se logra un propósito, como en una estructura o sistema de partes en un dispositivo mecánico para desempeñar una función o hacer algo, como en: *"Ciertos mecanismos, como 'Olvídalo', pueden desviar de pronto de la línea temporal una experiencia de dolor o de inconsciencia mínimos".* Pág. 65.
2. Estructura o sistema (de partes, componentes, etc.), que en conjunto cumple una función particular como sucedería en una máquina, como en: *"El organismo posee muchos mecanismos y capacidades*

inherentes con los que puede aprender, preservarse o progresar a lo largo de la dinámica". Pág. 65.

mecanismo de escaneo: literalmente, dispositivo utilizado en algunos equipos electrónicos para mostrar imágenes. En un extremo de un tubo de cristal se sitúa un emisor especial (cañón de electrones) y un sistema para enfocar y cambiar de ángulo ("mecanismo de escaneo"). El emisor dispara un chorro de partículas diminutas con carga negativa (electrones) contra una pantalla revestida con un producto químico (fósforo) que produce un brillo fluorescente allí donde golpean los electrones. Conforme el chorro va barriendo o escaneando rápidamente a lo largo de toda la pantalla con variaciones en su intensidad, va formando imágenes en la pantalla. Se usa para describir algo similar en la mente. Pág. 96.

mecanismo olvidador: el hipnotizador usa el mecanismo olvidador con la mayoría de sus sugestiones. Con el mecanismo olvidador, es incapaz de recordar si se le ha hipnotizado o no. Por ejemplo: se pone a un hombre en trance hipnótico mediante la técnica hipnótica estándar o con alguna droga hipnótica. El hipnotizador puede decirle entonces: "Cuando despiertes, hay algo que tienes que hacer. Cada vez que yo me toque la corbata, te quitarás la chaqueta. Cuando yo suelte la corbata, te pondrás la chaqueta. Ahora olvidarás que te he dicho que hagas esto". Se despierta entonces al individuo. Él no tiene conocimiento de forma consciente de la orden. Si se le dijera que se le había dado una orden mientras "dormía", se resistiría a la idea o se encogería de hombros, pero no lo sabría. Entonces el hipnotizador se toca la corbata. El sujeto puede hacer un comentario de que hace demasiado calor y así quitarse la chaqueta. Entonces el hipnotizador suelta la corbata. El sujeto puede decir que ahora tiene frío y volverá a ponerse la chaqueta. Véase *Dianética: La Ciencia Moderna de la Salud Mental.* Pág. 69.

Mente Analítica: la residencia de la consciencia en el individuo y sede de sus dinámicas y personalidad básica. Este es un término análogo. La mente analítica se puede subdividir. (Del *Glosario de LRH*). Pág. viii.

Mente Reactiva: aquella parte de la mente que contiene datos reflejos o reactivos que no se limpian a través de la mente analítica, sino que están sujetos a dramatización o aberración. Utiliza como proceso de pensamiento la concepción de identidades: A=A=A. Este es esencialmente el mecanismo de pensamiento animal. (Del *Glosario de LRH*). Pág. 19.

mera: sólo lo que se especifica y nada más. Pág. 9.

meramente: sólo a lo que se refiere y nada más; solamente; simplemente. Pág. 105.

miembros: partes del cuerpo tales como brazos y piernas. Pág. 49.

mientras que: en contraste o en comparación con el hecho de que; tomando en consideración el hecho de que. Pág. 27.

1938: en 1938 L. Ronald Hubbard escribió el manuscrito titulado *Excalibur,* una obra que, aunque no se publicó, contenía información que más tarde se dio a conocer en los materiales de Dianética y Scientology, incluyendo su descubrimiento de que el mínimo común denominador de la existencia es: "¡Sobrevive!". *Excalibur* era el nombre de la espada mágica del Rey Arturo, un legendario rey de Inglaterra del que se dice que en los tiempos antiguos mantuvo la paz y la justicia. Pág. 1.

mínimo común denominador: el factor más fundamental que tienen en común una cierta cantidad de gente o de cosas. Pág. 8.

mitigar: calmar o reducir la intensidad o severidad de algo. Pág. 100.

moda, muy de: en referencia a alguna noción, conducta, etc., especialmente seguida de manera entusiasta por algún grupo. Pág. 86.

motor: relacionado con el movimiento muscular o que lo implica. Pág. 18.

motora, tira: área larga y estrecha del cerebro, que se cree que controla el movimiento de los diversos músculos y movimientos corporales. *Motor* significa relativo a un nervio que va desde el sistema nervioso central hasta un músculo, conduciendo un impulso que causa movimiento. Pág. 88.

mundo-exterior: esfera de la actividad humana fuera de la esfera mental, tal como objetos, entornos y acontecimientos. Pág. 168.

músculos involuntarios: músculos que actúan independientemente y no están bajo la voluntad consciente de la persona. Estos músculos son responsables de algunas acciones como el latido cardíaco, las contracciones intestinales, etc. Pág. 18.

músculos voluntarios: músculos que normalmente están controlados por la decisión consciente de la persona, o sujetos a ello, como los músculos responsables de mover los brazos. Pág. 18.

mutación: cambio estructural repentino en el material hereditario de las células de un organismo, con el resultado de un nuevo rasgo o característica que no se encontraba en los padres, a diferencia de una variación resultante de generaciones de cambio gradual. *Hereditario* significa que tiene que ver con rasgos o características transmitidas de generación a generación mediante la reproducción. Pág. 8.

naturaleza: 1. Tipo o especie de algo, como en: *"A efectos de esta analogía, puede considerarse que todos los errores de naturaleza psíquica o psicosomática radican en la mente reactiva".* Pág. 20.
2. Características y cualidades esenciales de una cosa, como en: *"Es el contenido del engrama lo que causa la aberración y forma su naturaleza".* Pág. 53.
3. El mundo, incluyendo todas las fuerzas y procesos que producen y controlan sus fenómenos. *"No es* [la Escala Tonal] *arbitraria, sino que, como se verá, representa una aproximación a cierta ley reguladora que existe en la naturaleza".* Pág. 59.

nebulosa: que carece de forma o límites definidos; que no se define o describe claramente. Pág. 1.

neurastenia postcombate: condición, *neurastenia,* caracterizada por fatiga, irritabilidad, debilidad, ansiedad, etc., que a menudo les ocurre a los soldados tras su participación en combate. Pág. 142.

neurosis: estado emocional que contiene conflictos y datos emocionales que inhiben las capacidades o el bienestar del individuo. Pág. 1.

noble: que tiene o muestra cualidades de un carácter moral elevado, como el coraje, la generosidad o el honor. Pág. 79.

nombrar: llamar; asignar o dar nombre a algo. Pág. 18.

notablemente: de una manera que es flagrantemente obvia y claramente definida; en gran medida; observablemente. Pág. 122.

Nuevo Pensamiento: literalmente, cualquiera de los diversos movimientos religiosos y filosóficos como el movimiento del Nuevo Pensamiento (finales del siglo XIX) y sus ramificaciones, que mantiene que el pensamiento positivo o la adopción de una actitud mental favorable procura cambios beneficiosos para el Hombre. Su optimismo funcional contrastaba con el "viejo pensamiento" de pecado, mal y resignación pesimista. De ahí, *"pensador del Nuevo Pensamiento",* un individuo o grupo que aporta a la Humanidad nuevos principios independientes y constructivos, o una profunda comprensión, de carácter filosófico o religioso. Pág. 10.

nulidad: alusión a un estado nulo. En electrónica, indica una lectura de cero cuando una cantidad medida es indetectable o está bajo mínimos. Por tanto, describe una condición en la que algo es ineficaz, incapaz de funcionar o algo similar. Pág. 49.

obra, la: todas las cosas hechas, establecidas o creadas como resultado de un esfuerzo, actividad, trabajo, etc. *"Puede considerarse que toda la obra y todas las energías están motivadas por él".* Pág. 8.

obstáculo: referencia a la oposición en un circuito al flujo de la corriente eléctrica (electrones en movimiento). Pág. 181.

obstetras: médicos especializados en *obstetricia,* rama de la ciencia médica que trata del nacimiento y del cuidado y tratamiento de las mujeres en relación con el parto. Pág. 160.

oleada: explosión de apoyo, aprobación o entusiasmo, especialmente entre el público en general. Pág. vii.

olfato: percepción del olor. Pág. 39.

onda de impacto: repentino incremento de la cantidad de energía eléctrica que viaja por los nervios, causado por un *impacto,* un fuerte golpe repentino y violento. Pág. 115.

operador: persona que hipnotiza a otra. *Véase también* **hipnosis**. Pág. 43.

óptimo: relativo al punto en que la condición, grado o cantidad de algo es la más favorable o ventajosa para alcanzar cierto fin. Pág. 43.

órdenes: **1.** Clases definidas mediante los atributos comunes de sus miembros; tipos. Los órdenes inferiores incluyen miembros de varios niveles de seres vivos, animales o vegetales, en contraste con los humanos, como en: *"La energía en sus diversas formas es el motivador primario en los órdenes inferiores".* Pág. 19.
2. Clases, grupos, tipos o variedades de cosas ordenadas en una escala de excelencia o importancia o que se distinguen de otras por su naturaleza o carácter, como en: *"La teoría del 'determinismo por el estímulo y la experiencia' es verdadera en los mecanismos de mando de los órdenes más bajos, como se da en los animales".* Pág. 113.

orden psicosomática: orden engrámica impuesta sobre el cuerpo. Específicamente, la mente analítica pasando de nuevo por la experiencia del engrama, como en: *"Sólo existe* una *orden psicosomática que es común a todos los engramas".* La orden psicosomática se describe adicionalmente en el Capítulo Cinco, Los Engramas. Pág. 49.

orgánico: relacionado con los órganos (como el cerebro, riñón, ojo, corazón o pulmón) o que los afecta. Pág. 39.

organismo: **1.** Cuerpo viviente organizado, especialmente cualquier materia viviente como una planta, un animal o una bacteria. Pág. 9.
2. Cualquier cosa o sistema (viviente) complejo que tiene propiedades

y funciones determinadas no sólo por las propiedades y relaciones de sus partes individuales, sino por el carácter del todo que constituyen. Pág. 9.

originado: producido; creado o iniciado. Pág. 39.

óxido nitroso: gas de olor y sabor dulce que se usa en odontología y en cirugía para poner al paciente inconsciente. Pág. 44.

paciente: persona bajo la supervisión, cuidado o tratamiento de alguien. Pág. vii.

pago único: cantidad de dinero que se entrega de una sola vez, en vez de dividirse en plazos o pagos periódicos de menor cantidad. Pág. 1.

palillo de manicura: varilla delgada, redondeada, con puntas afiladas, a menudo hecho de una madera dura de naranjo, utilizada para hacer la manicura. Pág. 159.

paridad: correspondencia o semejanza trazada entre dos cosas con fines ilustrativos. Pág. 114.

particularmente: en gran medida, como en: *"El número de engramas prenatales no debería horrorizar particularmente al auditor"*. Pág. 159.

pasar por alto: evitar algo mediante el empleo de un canal, pasaje o ruta alternativos. Pág. 20.

patológicamente: de forma *patológica,* relativo a la *patología:* el estudio de las enfermedades. De ahí, *"patológicamente incompetente"* significa físicamente lesionado (permanentemente) a causa de una enfermedad pasada. Pág. 48.

patológico: causado por una enfermedad; de la naturaleza de una enfermedad. Pág. 48.

peculiar: que se distingue en su naturaleza o carácter de todos los demás; único o específico de una persona, cosa o categoría. También, diferente de lo normal o corriente; insólito. Pág. 79.

pegar: adquirir o recibir algo, a menudo de forma casual, tal como meramente por estar cerca de alguien. Pág. 108.

pensamiento: 1. Acto singular o producto de pensar; una unidad de actividad mental; algo que uno piensa o ha pensado; una cosa que está en la mente; una idea, noción, etc., como en: *"Ciencia del pensamiento"*. Pág. 7.
2. Acción o proceso de pensar; acción o actividad mental en general, especialmente la del intelecto; el ejercicio de las facultades mentales; formación y disposición de ideas en la mente, como en: *"El campo del*

pensamiento se puede dividir en dos áreas", o *"pensamiento exclusivamente reactivo"*, o *"tres clases de pensamiento"*. Pág. 7.

3. Actividad intelectual o el producto mental característico de los pensadores de una clase, época o lugar particulares; lo que han pensado los filósofos o los hombres sabios de algún país específico, etc., como en: *"Pensador del Nuevo Pensamiento"*. Pág. 10.

Pensamiento, Nuevo: literalmente, cualquiera de los diversos movimientos religiosos y filosóficos como el movimiento del Nuevo Pensamiento (finales del siglo XIX) y sus ramificaciones, que mantiene que el pensamiento positivo o la adopción de una actitud mental favorable procura cambios beneficiosos para el Hombre. Su optimismo funcional contrastaba con el "viejo pensamiento" de pecado, mal y resignación pesimista. De ahí, *"pensador del Nuevo Pensamiento"*, individuo o grupo que aporta a la Humanidad nuevos principios independientes y constructivos, o una profunda comprensión, de carácter filosófico o religioso. Pág. 10.

percéptico: mensaje sensorial percibido y grabado, como una sensación orgánica, olfativa, gustativa, táctil, auditiva, visual, etc. Pág. 18.

percépticos, entidad formada por: paquete independiente de percepciones recibidas, como el olor, el sabor, la vista, el sonido, el tacto, etc. Pág. 39.

perceptivo: consciente o capaz de percepciones; percibiendo de modo consciente. Pág. 160.

perdurar: estar presente o existente indefinidamente; persistir. Pág. 43.

perpetuo: que continúa o dura para siempre; perdurable. Pág. 10.

persona: la auténtica personalidad individual de un ser humano, como en: *"La residencia de la persona"*. Pág. 22.

persona fija: persona a la que se tiene en gran consideración y que, como resultado, ejerce una fuerte influencia en otra, de modo que esta última se podría decir que está fijada en la primera persona, por ejemplo, un padre, pariente o alguna otra persona en el pasado del preclear. *Fija* quiere decir atorada o demasiado conectada con alguien o algo. Pág. 94.

personalidad básica: el individuo mismo. Pág. viii.

personalidad de identidad: personalidad que se identifica con otra, en alusión a la identificación de una persona en el entorno presente con otra persona que se puede encontrar en el pasado engrámico del preclear y que la mente reactiva "identifica" como la personalidad del entorno presente. Pág. 95.

pertinente, no: que no constituye un elemento o parte vital de algo. Pág. 113.

plaga: condición de estar infestado a gran escala y de un modo que se vuelve amenazante, dañino o desagradable. Pág. 69.

plano: nivel de existencia, consciencia o desarrollo. Pág. 113.

plantear: afirmar, declarar o exponer. Pág. 10.

plenitud: mayor grado o extensión; estado completo y total. Pág. 94.

poder de elección: la habilidad o capacidad para determinar o decidir algo (como un curso de acción). Pág. 113.

polaridad inversa: aquella cualidad o condición de un cuerpo físico o un sistema que manifiesta propiedades opuestas o en contraste, como en un imán, donde un extremo es positivo y el otro negativo. Se concibe que uno de los extremos es el inverso de lo que es el otro. Así, *polaridad inversa* se refiere a un estado en el que un objeto, condición, etc., tiene una característica, fuerza, etc., opuesta a alguna otra cosa. Pág. 121.

por cierto: expresión que se usa para introducir alguna cosa que no es estrictamente parte del tema tratado; de pasada, como un tema aparte. Pág. 96.

por fuerza: forzosamente; por necesidad; por la fuerza de las circunstancias. Pág. 131.

positiva, sugestión: en hipnosis, sugestión u orden que se le da a un sujeto hipnotizado que entonces la obedece inconscientemente. También, cualquier frase u orden en la mente que actúa como una dada a una persona hipnotizada. Por ejemplo: a un hombre se le pone en trance hipnótico mediante una técnica hipnótica estándar o mediante alguna droga hipnótica. El operador entonces puede decirle: "Cuando despiertes hay una cosa que debes hacer. Cuando quiera que yo me toque la corbata tú te quitarás el abrigo. Cuando yo suelte mi corbata, tú te pondrás el abrigo. Ahora olvidarás que te he dicho esto". Se despierta entonces al sujeto. No está conscientemente al tanto de la orden. Si se le dijera que se le había dado una orden mientras estaba "dormido", él se resistiría a tal idea o se encogería de hombros, pero no lo sabría. El operador entonces se toca la corbata. El sujeto puede entonces hacer algún comentario de que hace demasiado calor y así se quitará el abrigo. El operador entonces suelta su corbata. El sujeto puede comentar que ahora tiene frío y se volverá a poner el abrigo. Véase *Dianética: La Ciencia Moderna de la Salud Mental.* Pág. 43.

positivo: que enfatiza lo que es prometedor o bueno; constructivo. Pág. 93.

post-: prefijo para formar palabras con el significado de después; más tarde. Pág. 43.

postcombate, neurastenia: condición, *neurastenia,* caracterizada por fatiga, irritabilidad, debilidad, ansiedad, etc., que a menudo les ocurre a los soldados tras su participación en combate. Pág. 142.

posthipnótico: de *post,* después, e *hipnótico,* de hipnotismo. Relativo al periodo posterior a la hipnosis; una sugestión hecha durante la hipnosis para que sea efectiva después de despertarse. Pág. 43.

potencial: capacidad o poder, como en: *"El potencial de la mente analítica"*. Pág. 40.

potencialidad: estado o condición de tener capacidad o poder para algo. Pág. 114.

precario: que depende del azar o las circunstancias; de un modo que es incierto o inseguro. Pág. 47.

PRECLEAR: CUALQUIER INDIVIDUO QUE HAYA INICIADO LA TERAPIA DE DIANÉTICA CON EL PROPÓSITO DE LLEGAR A CLEAR. (Del *Glosario de LRH*). Pág. 79.

precursor: engrama que ocurre anteriormente en una cadena (*precursor* significa algo que viene antes y conduce al desarrollo o existencia de algo posterior). Las cadenas de engramas se describen más detalladamente en el Capítulo Quince, Cadenas de Engramas. Pág. 45.

predominancia: condición de tener una importancia o influencia mayor que otra cosa. Pág. 171.

prenatal: 1. Que ocurre, existe o tiene lugar antes del nacimiento. En Dianética, denota experiencias e incidentes que ocurren y se graban en la mente mientras se está en el útero antes del nacimiento o durante el parto. Pág. 48.
2. Incidente (engrama) que existe u ocurre antes o durante el nacimiento. Pág. 47.

preponderancia: condición de ser más grande en cantidad. Pág. 98.

prestar atención: observar; atender; estar pendiente de algo de cerca o con cuidado. Pág. 128.

prevalecer: tener fuerza o estar en vigor o efecto. Pág. 47.

primario: primero en orden, rango o importancia; cualquier cosa de la que otra surge o se deriva. Pág. viii.

primer lugar, en: primeramente; primero en orden. La frase se usa para dar un hecho o una razón de importancia primordial que demuestra o refuerza lo que se está declarando. Pág. 79.

principio: verdad, ley, doctrina o fuerza impulsora fundamentales, sobre las que se basan otras. Pág. 1.

procreación: reproducción; acción de engendrar, generar descendencia. Pág. 8.

producir: causar o dar lugar a algo; resultar en algo. Pág. 7.

progenie: hijos, prole (descendientes) considerados como grupo o colectivamente. Pág. 13.

progresión geométrica: serie de números, tal como 1/8, 1/4, 1/2, 1, 2, 4, 8, 16, 32, 64, 128, etc., donde cada número es multiplicado por una cantidad constante (en este ejemplo por 2) para llegar al siguiente número. El resultado es que el próximo número cambia en una cantidad cada vez mayor a medida que avanza la progresión. Pág. 147.

promiscuidad: comportamiento caracterizado por mantener relaciones sexuales al azar e indiscriminadas con muchos compañeros sexuales. Pág. 107.

propenso: con tendencia a sufrir, hacer o experimentar algo, o expuesto a ello (típicamente algo lamentable o indeseable). Pág. 95.

propio: verdaderamente pertinente; estrechamente vinculado. Pág. 105.

proporción: relación proporcional; un número o volumen en relación con otro número o volumen. Por ejemplo, si una persona emplea diez horas dentro y una hora fuera, la proporción es 10:1 ó de diez a uno. Pág. 122.

proporción directa: la relación proporcional entre dos cantidades que varían directamente (*directo* es lo contrario que inverso); es decir, una cosa aumenta en proporción exacta en que otra también aumenta. Pág. 122.

Propósito: ruta de supervivencia elegida por un individuo, una especie o una unidad de materia o energía para alcanzar su Dinámica. (Observación: el propósito es específico y puede definirse con precisión como una subdivisión de una de las subdinámicas. Se ha establecido a modo de tentativa por la investigación que un ser humano individual ha establecido su propósito para la vida a los dos años de edad y que el propósito

REAL NO DERIVA EN GRADO ALGUNO DE ENGRAMAS, SINO QUE SÓLO ESTÁ DISTORSIONADO POR ELLOS). (Del *Glosario de LRH*). Pág. 8.

provocar: causar o producir algo como reacción o respuesta. Pág. 22.

psicoanálisis: sistema de terapia mental desarrollado por Sigmund Freud (1856–1939) en Austria en 1894, en el cual al paciente se le hacía hablar y recordar durante años incidentes de su niñez, que Freud creía que eran la causa de los males mentales. El practicante leía significados en todas las declaraciones y las evaluaba por el paciente (le decía qué pensar) en cuanto a líneas de pensamiento y acción relativas al sexo. Pág. 166.

psicología experimental: estudio experimental de la respuesta de una persona o animal hacia los estímulos. *Experimental* significa basado en tests o experimentos, para los propósitos de averiguar algo. *Estímulos* son acciones o agentes que causan o cambian una actividad en un organismo, órgano o parte, como la comida que se pone delante de un ratón y que estimula al ratón a avanzar hacia ella. En 1879, el profesor alemán Wilhelm Wundt (1832–1920), que concebía que el Hombre era un animal sin alma, fundó uno de los primeros laboratorios de psicología experimental en la universidad de Leipzig. Pág. 155.

psicológicos: de la mente, mentales. Pág. 160.

psiconeurótico: relativo a la *psiconeurosis,* término psiquiátrico para la neurosis, en que una persona expresa sentimientos de ansiedad, obsesión, etc., sin causa aparente. Pág. 110.

psicosis: conflictos de órdenes que reducen gravemente la capacidad del individuo para resolver sus problemas en su entorno, hasta un punto en que no puede ajustarse él mismo a alguna fase vital de las necesidades de su entorno. Pág. 1.

psicosomática, orden: orden engrámica impuesta sobre el cuerpo. Específicamente, la mente analítica pasando de nuevo por la experiencia del engrama, como en: *"Sólo existe una orden psicosomática que es común a todos los engramas".* La orden psicosomática se describe adicionalmente en el Capítulo Cinco, Los Engramas. Pág. 49.

psicosomático: *psico,* por supuesto, se refiere a la mente, y *somático* se refiere al cuerpo; el término *psicosomático* quiere decir que la mente hace que el cuerpo se enferme, o enfermedades que se han creado físicamente dentro del cuerpo a causa de trastornos en la mente. Aproximadamente un 70 por ciento de la actual lista de enfermedades de los médicos entran en la categoría de enfermedades psicosomáticas. Pág. 1.

psique: la mente. Pág. 48.

psíquico: perteneciente o relativo a la mente humana. Pág. 20.

puesto: posición o lugar en que alguien tiene unos deberes o funciones concretos. Pág. 20.

pugna, en: en una contienda; lucha. Comparado a una carrera, juego, etc., en que unos individuos o unos equipos compiten entre sí para determinar un ganador. Pág. 13.

pugnar: forcejear o luchar contra algo. Pág. 10.

pulverizar: destruir algo con fuerza o violencia, en alusión a la acción del *tratamiento de choque,* cualquiera de los diversos métodos de supuestamente tratar ciertos desórdenes mentales mediante el uso de drogas, corriente eléctrica, etc., para producir una convulsión (espasmo incontrolable del cuerpo) para vencer las dificultades emocionales. Pág. 132.

punto de ruptura: condición o nivel en que un individuo entra en la región de la demencia en la Escala Tonal, entre 2.0 y 2.5, y más abajo. (Literalmente, un punto de ruptura es el punto o grado de tensión en que un material concreto sufre daño o se rompe en pedazos). Pág. 66.

pusilanimidad: falta de valor; cobardía. Pág. 34.

racial y educacional: relativo o basado en los factores de la raza o educación, como en un grupo de gente. Pág. 44.

racionalizar: interpretar o explicar desde un punto de vista racional (razonable). Pág. 26.

radicar: encontrarse; consistir o basarse en algo (por lo general va seguido de la palabra *en*). Pág. 7.

reactivo: que se caracteriza por la *reacción,* que ocurre como respuesta (inmediata) a una influencia; que responde a una influencia de una manera particular o con un comportamiento particular; característico del comportamiento del tipo de "estímulo-respuesta". Del latín, *reagere,* hacer o actuar de vuelta. Pág. 13.

recepción: acción o hecho de recibir algo. Pág. 40.

rechazar: repeler brusca y tajantemente el ofrecimiento de una persona, su aproximación o avance. Pág. 82.

reconocimiento: expresión de gratitud, aprecio, etc. Pág. 9.

recordar: volver a traer a la mente. Pág. 43.

recuperable: que se puede recuperar. Pág. 122.

reducir: abreviar algo; hacer menor. Pág. 9.

Reestimulador: percéptico en el entorno que se asemeja a una parte precisa de los percépticos del engrama en la mente reactiva. (Del *Glosario de LRH*). Pág. 20.

Reestimulador Asociativo: percéptico en el entorno que se confunde con un auténtico reestimulador. (Del *Glosario de LRH*). Pág. 183.

reflejo: (de una acción) llevada a cabo sin pensamiento consciente. Pág. 114.

registrar: hacer una grabación duradera de hechos o sucesos; preservar la memoria de algo permanentemente, como en: *"La mente fisio-animal nunca deja de estar consciente del ahora y nunca deja de registrar los instantes sucesivos del ahora"*. Pág. 19.

regresión: práctica dentro del hipnotismo en la que el hipnotizador enviaba al sujeto atrás a incidentes en su pasado. Esto se hacía con técnicas de trance, drogas y una considerable tecnología. Era una técnica con la que parte del "yo" del individuo permanecía en el presente y otra parte de él iba al pasado. Pág. 45.

reinos, tres: las tres amplias divisiones de los objetos naturales: los reinos animal, vegetal y mineral. Un *reino* es una región o sector de la naturaleza. Pág. 13.

reiterado: dicho de nuevo o repetido; repetido a menudo o continuamente. Pág. 100.

relatar: narrar algo verbalmente, dando los hechos, detalles, o las particularidades de un suceso o experiencia. Pág. 86.

reparto: literalmente, los actores o personajes de una representación. Por tanto, aquellas personas que participan en algún incidente, suceso, ocurrencia o algo así, y por extensión, como se usa aquí, en la mente reactiva. Pág. 95.

repercusión: efecto indirecto o imprevisto de un acto, acción o suceso. Pág. 166.

represión: acción, proceso o resultado de suprimir dentro del inconsciente, o mantener fuera de la mente consciente, las memorias o deseos inaceptables. En Dianética, una *represión* es una orden engrámica de que el organismo debe o no debe hacer algo. Pág. 1.

residir: estar situado en un lugar o posición. Pág. 113.

resignarse: rendirse o abandonarse a una cosa o condición. Pág. 165.

responder: reaccionar positivamente o favorablemente, de una forma no embotada, apática ni desafectada. Pág. 34.

responsabilidades: cosas que se requiere que uno haga como parte de un trabajo, papel o vida. Pág. 106.

retención, poder de: poder o capacidad de mantener o continuar manteniendo algo para su uso, reconocimiento, recuerdo, etc. Pág. 156.

reticencia: tendencia a conservar lo que existe y está establecido; inclinación a limitar el cambio. Pág. 10.

reticencia celular (a admitir cambios): tendencia de las células a conservar sus rasgos y características establecidos y existentes y a transmitírselos a la siguiente generación de células. Pág. 10.

retraso mental fisiológico: condición o situación caracterizada por falta de desarrollo intelectual o grave deficiencia (retardo) mental, sea de nacimiento o a causa de lesión cerebral en la infancia temprana. *Fisiológico* significa relativo a las funciones y actividades de los organismos vivientes y de sus partes, incluyendo todos los procesos físicos y químicos. Pág. 54.

reverie: leve estado de "concentración" que no hay que confundir con la hipnosis; en el reverie, la persona es completamente consciente de lo que está teniendo lugar en el presente. Pág. 85.

revés: cambio de buena a mala fortuna; derrota. Pág. 67.

revivificación: acción de revivir una experiencia pasada. *Revivir* ocurre cuando una persona está tan inmersa en el pasado por el momento que, mientras recuerda una experiencia de cuando era bebé, si se le sobresaltara reaccionaría igual que cuando era un bebé. Pág. 106.

robustez: cualidad de fuerte, sólido, robusto. Pág. 72.

romper: 1. Debilitar o machacar en cuanto a fortaleza, espíritu, etc.; desanimar mental o espiritualmente. Pág. 94.
2. Poner fin a algo; vencerlo; pararlo, como en: *"Toda la intención y técnica de Dianética es romper la supresión parcial o total de la mente analítica mediante el drenaje de los datos falsos contenidos en los engramas que componen la mente reactiva".* Pág. 118.

"roto": debilitado o machacado en cuanto a fortaleza, ánimo, etc.; descorazonado mental o espiritualmente. Pág. 49.

ruta: manera o procedimiento particular. También, una senda escogida para una actividad, como en: *"Y, en ocasiones, puede seguirse esta ruta al comenzar un caso"*. Pág. 174.

sacudir(se): quitarse algo o expulsarlo con un movimiento rápido y enérgico. Pág. 121.

saltar: ponerse rápidamente en acción. Pág. 148.

secreción glandular: la acción o proceso de una glándula que produce y libera una *secreción,* sustancia que cumple alguna función dentro de un organismo; tal como los jugos digestivos, las hormonas, etc. Pág. 18.

sede: lugar en que ocurre algo o está establecido; ubicación. Pág. 113.

selección natural: proceso mediante el cual los seres vivos que tienen características que les hacen más capaces de adaptarse a presiones concretas del entorno, como son los depredadores, los cambios climáticos, la competencia por el alimento o la pareja, tenderán a sobrevivir y reproducirse en mayores cantidades que otros de su especie; asegurando así la perpetuación de estas características favorables en generaciones sucesivas. Un *depredador* es un animal que caza, mata y devora a otros animales para sobrevivir, o cualquier otro organismo que se comporta de manera similar. Pág. 8.

selecto: escogido de entre un grupo grande por resultar más apropiado, preferido, etc., para un propósito concreto. Pág. vii.

semántica: en sentido general, la *semántica* es el estudio o ciencia del significado en las formas del lenguaje en cuanto a los significados de una palabra, frase, oración o texto. Más específicamente, alusión a la *semántica general,* un enfoque filosófico altamente organizado del lenguaje, desarrollado por Alfred Korzybski (1879–1950) que buscaba una base científica para una clara comprensión de la diferencia entre las palabras y la realidad, y las formas en que las palabras en sí pueden influenciar y limitar la capacidad del Hombre para pensar. Korzybski desarrolló un sistema de las diferentes categorías de percepciones (llamadas sensaciones) y creó una tabla precisa que mostraba sus diversas características físicas y propiedades. Pág. 39.

semántico: perteneciente o relacionado con los diversos sentidos de las palabras o de otros símbolos; relativo al significado en el lenguaje. Pág. 7.

sensación orgánica: sentido que le dice al sistema nervioso central cuál es la condición del organismo o de los diversos órganos del cuerpo. Pág. 39.

sensible: sumamente perceptivo o receptivo intelectualmente, estéticamente, etc.; que responde con facilidad a las condiciones externas. Pág. 20.

sensorial: perteneciente o relativo a los sentidos o a la sensación, como la vista, el oído, el tacto y el olfato. Pág. 39.

sensorial, tira: área larga y estrecha del cerebro, que se cree que controla los sentidos del cuerpo, tales como la vista, el olfato, el tacto y el oído. *Sensorial* significa conectado con la recepción y transmisión de impresiones de los sentidos. Pág. 39.

serie: grupo de cosas dispuestas, o que se concibe que están dispuestas, en una fila o en serie, como en: *"Si accidentalmente se pasa por alto alguno, se notará que el tercero en la serie se mantendrá o se hundirá"*. Pág. 1.

si bien sólo: se usa para expresar una razón para algo, aun cuando no sea la única o la mejor de las posibles razones. Pág. 113.

significación: lo que quiere decir algo. Pág. 40.

silábico: que consiste en *sílabas,* palabras o partes de palabras pronunciadas como un único e ininterrumpido sonido vocal. Pág. 39.

simbionte: el significado de *simbionte* en Dianética se extiende más allá de la definición del diccionario, "vida en común de dos organismos diferentes", para referirse a todas y cada una de las formas de energía o vida que son mutuamente dependientes para su supervivencia. El átomo depende del universo, el universo del átomo. Pág. 9.

simular: imitar el carácter, las condiciones o la apariencia de algo. Pág. 116.

sin importar: independientemente de; carente de importancia. Pág. 43.

sintomático: que es síntoma o signo de algo; que sirve como señal de una condición, cualidad, etc.; característico e indicativo de algo. Pág. 107.

sin trabas: que se le permite actuar, moverse o progresar libremente. Pág. 151.

sistema de control central: sistema nervioso central, que consta de un cerebro y una médula espinal. Funciona como centro de control del sistema nervioso recibiendo información de los sentidos y enviando impulsos a los músculos y otras partes del cuerpo, los cuales desencadenan las acciones requeridas. Pág. 9.

sistema nervioso: red de células nerviosas, tejidos, médula espinal, etc., en los seres humanos, que lleva sensaciones al cerebro e impulsos a los órganos y músculos. Pág. 18.

sobrecarga: carga o suministro excesivo de electricidad o energía. En Dianética, se refiere a una cantidad excesiva de energía dañina en la mente, como en: *"Un engrama es una sobrecarga evidente en el circuito mental con cierto contenido concreto, finito".* Pág. 43.

socavar: hacer caer de una posición de poder; desarraigar; rebajar, debilitar. Pág. 40.

sociológico: que trata de cuestiones o problemas sociales, especialmente centrándose en los factores culturales y ambientales más que en las características (mentales) personales. Pág. 48.

soldar: sujetar con *soldadura,* cualquiera de los diversos metales que se funden a baja temperatura y que cuando se calientan podrán introducirse en estado líquido en una juntura entre varias partes metálicas para unirlas. *La soldadura* se utiliza en electrónica para unir firmemente dos piezas de modo que la electricidad fluya entre ellas. De ahí, unir, sujetar o adherir (a algo). Pág. 118.

somáticamente: por medio de un somático. El auditor observa un somático en el individuo, pregunta acerca de él y usa los datos para localizar el área del engrama. Pág. 45.

Somático: equivalente fisiológico de la aberración mental. Un somático ocurre junto a cada aberración. Este término se usa en vez de "dolor físico" en la terapia, debido al alto valor engrámico de la palabra "dolor" y su incapacidad para incluir en su significado todos los percépticos dolorosos. (Del *Glosario de LRH*). Del griego somatikos, relativo al cuerpo. Somático es un dolor, sensación del cuerpo o enfermedad psicosomática que se experimenta al contactar con un engrama o cuando se reestimula un engrama; el dolor o la enfermedad psicosomática es la reexperimentación del contenido del engrama. Pág. 44.

sombra, en la: en psicología, relativo al aspecto oscuro de la personalidad formado por los miedos y emociones desagradables que son rechazados por la persona pero que existen en el inconsciente, como en: *"Se le puede llamar 'mente en la sombra', ya que reacciona de forma instantánea cuando cualquier parte de su contenido se percibe en el entorno del individuo".* Pág. 20.

someramente: de pasada; sin prestar gran atención a los detalles. Pág. 17.

soñados (datos): algo concebido o ideado (en la mente). De ahí, datos soñados son datos concebidos sobre algo por el individuo, por contra a los datos observados en el entorno. Pág. 115.

sortear: evitar o rodear (un obstáculo o algo en el camino). Pág. 171.

sosegar: causar que algo se vuelva menos activo. Pág. 118.

subcerebros: diversos centros nerviosos en el cuerpo, tales como el codo, la rodilla, el interior de la muñeca, etc. Pág. 18.

subconsciente: *(psicología)* que existe o funciona en la mente, pero no está inmediatamente disponible para la consciencia; que afecta al pensamiento, los sentimientos y la conducta sin entrar en la consciencia. Pág. 22.

subdividir: dividir en unidades o componentes más pequeños, como en: *"Cada una de las cuatro dinámicas se subdivide a su vez en propósitos que son específicos y complejos"*. Pág. 26.

subsiguiente: que sigue después, a continuación en el tiempo. Pág. 40.

sucesivos: que ocurren o existen uno tras otro. Pág. 19.

sucesor: un engrama o cadena posteriores. Pág. 96.

sueño sonámbulo: estado en que se encuentra una persona que camina o realiza otras acciones mientras está dormida, específicamente cuando las acciones no se recuerdan al despertarse. Pág. 19.

sugestión: acción de provocar una acción o un curso de acción particulares; introducir en la mente una idea, objeto o pensamiento. Específicamente en la hipnosis, el proceso de influenciar a una persona para que acepte una idea, orden, impulso, etc., sin su conocimiento consciente. Pág. 43.

sugestión positiva: en hipnosis, sugestión u orden que se le da a un sujeto hipnotizado que entonces la obedece inconscientemente. También, cualquier frase u orden en la mente que actúa como una dada a una persona hipnotizada. Por ejemplo: se pone a un hombre en trance hipnótico mediante la técnica hipnótica estándar o con alguna droga hipnótica. El hipnotizador puede decirle entonces: "Cuando despiertes, hay algo que tienes que hacer. Cada vez que yo me toque la corbata, te quitarás la chaqueta. Cuando yo suelte la corbata, te pondrás la chaqueta. Ahora olvidarás que te he dicho que hagas esto". Se despierta entonces al sujeto. Él no tiene conocimiento de forma consciente de la orden. Si se le dijera que se le había dado una orden mientras "dormía", se resistiría a la idea o se encogería de hombros, pero no lo sabría. Entonces el hipnotizador se toca la corbata. El sujeto puede hacer un comentario de que hace demasiado calor y así quitarse la chaqueta. Entonces el hipnotizador suelta la corbata. El sujeto puede decir que ahora tiene frío y volverá a ponerse la chaqueta. Véase *Dianética: La Ciencia Moderna de la Salud Mental.* Pág. 43.

superpuesto: puesto o situado sobre otra cosa; dispuesto encima o sobre la parte superior. *Super-* significa encima, y *puesto* significa colocado en algún sitio o sobre él. Pág. 11.

suponer: dar por hecho o considerar como cierto en ausencia de pruebas en contra. Pág. 44.

suspenso, en: un estado de ser (temporalmente) parado o dejado sin efecto; interrupción. Pág. 54.

sustento: nutrientes que mantienen la vida; alimento. Pág. 156.

suyo, lo: aquello que le pertenece (a él); su familia, amigos, etc., como en: *"Destructivas para sí y para lo suyo".* Pág. 34.

táctil: el sentido del tacto. Pág. 45.

taladro, latigazos del cable que hace girar el: alusión al sonido hecho por las correas (cables) de un taladro de dentista. El taladro estaba conectado a un motor a través de una serie de cintas (o cables) que a veces hacían un sonido de chasquido o latigazo al golpear el brazo de metal al que estaban fijadas. Pág. 45.

tanto, al: informado o consciente de los hechos. Pág. 68.

tejido conjuntivo: tejido que consiste principalmente de fibra, grasa, etc., que sujeta, conecta y rodea a los órganos y otras partes del cuerpo. Pág. 156.

telegráficamente: a modo de un mensaje enviado por *telégrafo,* método de comunicación a larga distancia que originalmente transmitía palabras escritas como impulsos eléctricos codificados transmitidos por cables. El precio de tales mensajes se basaba en la cantidad de palabras en el mensaje; de ahí que el texto fuera usualmente muy conciso. Pág. 114.

telepatía: supuesta comunicación directamente de la mente de una persona a la de otra sin hablar, sin escribir y sin ningún otro signo ni símbolo. Pág. 8.

tenacidad: la cualidad o propiedad de ser *tenaz;* continuar con persistencia, mantenerse con firmeza; resistencia. Pág. 11.

tentativa, a modo de: de una manera que no es completamente concluyente. Pág. 180.

terapéutico: perteneciente o relativo a la *terapia,* la administración y aplicación de las técnicas y procedimientos de Dianética para resolver los problemas relativos al comportamiento humano y a las enfermedades psicosomáticas. Pág. 40.

terapia: administración y aplicación de las técnicas y procedimientos de Dianética para resolver los problemas que tienen que ver con el comportamiento y la enfermedad psicosomática. Pág. 28.

terapias vocacionales: *vocacional* significa relativo a la educación diseñada para proporcionar las destrezas necesarias para un trabajo o carrera concretos. *Terapia vocacional* es la preparación y colocación de aquellos que sufren algún tipo de dificultad mental (de leve a grave) en un trabajo donde puedan tener éxito. También se le llama *terapia laboral.* Pág. 106.

tercer grado: grado o paso en una escala que es bajo en cuanto a calidad, valor o cantidad. Por ejemplo, de primer grado sería lo mejor o máximo de algo. Algo de segundo grado sería menos, y algo de tercer grado se consideraría mucho menos. Pág. 10.

tesis: tratamiento escrito o verbal, sistemático, de un tema, que incluye resultados de investigación original y establece mediante evidencias o pruebas la existencia o veracidad de unos fenómenos específicos. Pág. viii.

timbre: carácter, cualidad, color o tono de una voz o instrumento, diferente de cosas como su volumen. Es el timbre lo que distingue una voz de otra o un instrumento musical de otro, como cuando dos instrumentos tocan la misma nota (y suenan distintos). Pág. 39.

tira motora: área larga y estrecha del cerebro, que se cree que controla el movimiento de los diversos músculos y movimientos corporales. *Motor* significa relativo a un nervio que va desde el sistema nervioso central hasta un músculo, conduciendo un impulso que causa movimiento. Pág. 88.

tira sensorial: área larga y estrecha del cerebro, que se cree que controla los sentidos del cuerpo, tales como la vista, el olfato, el tacto y el oído. *Sensorial* significa conectado con la recepción y transmisión de impresiones de los sentidos. Pág. 88.

tocar: mencionar o tratar brevemente, como en el curso de una exposición. Pág. 17.

toda costa, a: sin limitación en el gasto o en el trabajo requeridos; a pesar de cualquier pérdida o cosa que ocurra. Pág. 81.

tomar en cuenta: considerar junto con otros factores antes de observar algo, tomar una decisión o adoptar una acción. Pág. 97.

tónica: el punto o asunto más importante o central de algo. Pág. 26.

Tono: condición emocional de un engrama o la condición general de un individuo. (Del *Glosario de LRH*). Pág. 59.

tono: lo agudo o bajo que es un sonido. Las notas en música con un tono bajo tienen una frecuencia de vibración más lenta que las que tienen un tono alto. Pág. 39.

Tono 4: el término *Tono 4* denota un engrama o un preclear que ha alcanzado una racionalidad y alegría completas. Pág. 60.

torpe: caracterizado por torpeza; ineficiente o inhábil. Pág. 132.

trabajar: ejecutar o llevar a cabo una acción con algo o sobre algo, como en: *"Una vez que un auditor haya trabajado con un engrama prenatal y haya visto su influencia en la cadena de engramas y en la vida del adulto despierto, no le quedará ninguna duda respecto a la veracidad de la experiencia".* Pág. 47.

trabajar con pacientes: llevar a cabo o ejercer una función con alguien o sobre alguien, como en: *"El analista incluso podía experimentar alivio al trabajar con pacientes, ya que esto podía clarificar sus propios candados".* Pág. 166.

trabajo: acción de ejecutar o desarrollar una acción sobre algo, tal como al auditar un engrama, como en: *"La* Escala Tonal *denota en forma numérica, primero la categoría de un engrama en la mente reactiva; su progreso durante el trabajo".* Pág. 1.

trance: estado semiconsciente, como entre sueño y vigilia. Pág. 45.

trance amnésico: profundo *trance* de una persona como si estuviera dormida, que la hace susceptible a las órdenes. *Amnésico* significa relativo a la amnesia, y en este sentido se refiere al hecho de que la persona no puede recordar lo que ocurrió durante el estado de trance profundo. Pág. 43.

trastornar: perturbar el orden o disposición de algo; alterar la condición o funcionamiento normal de algo. También perturbar mentalmente. Pág. 20.

trastorno: perturbación de la función o condición de algo, tal como la mente. Pág. 155.

tratamiento: práctica de las técnicas y procedimientos de Dianética para resolver los problemas que tienen que ver con el comportamiento y la enfermedad psicosomática. Pág. 28.

Trauma: término de una escuela psicológica que implica una experiencia que crearía una cicatriz psíquica. No se usa en Dianética porque se corre el riesgo de malentender la naturaleza de las experiencias graves. Las cicatrices no pueden eliminarse; las experiencias psicosomáticas sí. (Del *Glosario de LRH*).

trazar: disponer o mostrar (gráficamente), como la condición o curso de algo. Pág. 8.

tres reinos: las tres amplias divisiones de los objetos naturales: los reinos animal, vegetal y mineral. Un *reino* es una región o sector de la naturaleza. Pág. 13.

trillado: falto de frescura o efectividad debido a un uso constante o a una repetición excesiva. Pág. 88.

tubo de rayos catódicos: dispositivo usado en los equipos electrónicos para mostrar imágenes, como el que se usa en un aparato de televisión. En un extremo de un tubo de cristal se sitúa un emisor especial (cañón de electrones) y un sistema para enfocar y cambiar de ángulo (*"mecanismo de escaneo"*). El emisor dispara un chorro de partículas diminutas con carga negativa (electrones) contra una pantalla revestida con un producto químico (fósforo) que produce un brillo fluorescente allí donde golpean los electrones. A medida que el chorro escanea o barre la pantalla entera con intensidad variable, se forman imágenes sobre la pantalla. *(Catódico* proviene de *cátodo,* la sección del tubo que emite partículas cargadas negativamente; y *rayo catódico,* es el nombre que se dio a estos flujos de energía cuando se descubrieron en la década de 1870). Pág. 96.

tutor: persona que está encargada por ley del cuidado de alguien, como de un niño. Pág. 95.

úlceras: llagas abiertas (distintas a una herida) en la piel o en algún órgano interno, como en el revestimiento del estómago, caracterizadas por la desintegración del tejido afectado. Pág. 1.

una y otra vez: que se hace u ocurre de forma repetida. Pág. 104.

unidad: algo que está completo, pleno o entero en sí mismo. Pág. 7.

usurpar: tomar el lugar de otro como por la fuerza. Pág. 113.

útil: que puede servir para un fin; listo para ser usado. Pág. 72.

valor: significado, fuerza o significancia. Pág. 45.

verdad: realidad ideal o fundamental separada y que trasciende a la experiencia percibida. Pág. 7.

vicios: acciones, hábitos o características malas; conductas o comportamientos malos. Pág. 34.

victimizado: convertido en *víctima;* alguien a quien se ha dañado o se le ha hecho sufrir mediante un acto, circunstancia o condición. Pág. 108.

virtud: excelencia moral general; acción y pensamiento correcto; bondad o moralidad. Pág. 34.

vista, a la: plenamente evidente; que atrae la atención. Pág. 81.

vocalización: expresión vocal; modo de hablar. Pág. 39.

voluntad, a: exactamente como o cuando uno desee. Pág. 88.

"yo": (en filosofía y en otros campos) el origen del pensamiento; la persona en sí, distinta del cuerpo, la cual es consciente de ser ella misma. Pág. 114.

Índice Temático

M

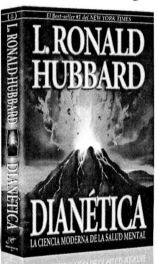